FREIMAURER

FREIMAURER
DIE GEHEIME GESELLSCHAFT

MARCO CARINI

Parragon

Bath • New York • Singapore • Hong Kong • Cologne • Delhi
Melbourne • Amsterdam • Johannesburg • Shenzhen

Chartist House
15-17 Trim Street
Bath BA1 1 HA, UK
www.parragon.com

Packaging: ditter.projektagentur Gmbh
Projektkoordination: Irina Ditter-Hilkens
Lektorat: Michael Konze
Bildbeschaffung: Barbara Linz
Design (Reihe): Claudio Martinez
DTP-Layout und -Satz: Malzkorn Kommunikation & Gestaltung, Gerd Türke
Lithographie: Klaussner Medien Service GmbH

ISBN 978-1-4723-1693-6

Printed in China

INHALT

Das Innenleben der Freimaurer

Die Organisation der Freimaurer

Die Geschichte der Freimaurerei

Die Freimaurerei hat eine lange Tradition und konnte im Laufe der Jahrhunderte viele prominente Mitglieder verzeichnen, u. a. George Washington, den ersten US-amerikanischen Präsidenten.

Was ist Freimaurerei?

Menschliche Bruderschaft oder gefährlicher Geheimbund – seit fast 300 Jahren gibt es die Logen der Freimaurer, deren Wurzeln aber viel weiter in die Vergangenheit zurückreichen.

Die Freimaurer selbst verstehen sich als eine weltweite, brüderlich-freundschaftliche Männervereinigung, die gemeinsam nach menschlichen Werten und einer positiven, freien Selbstentwicklung ihrer Mitglieder strebt. Von ihren Kritikern werden die Freimaurer jedoch oft in die Ecke obskurer Geheimbünde gestellt. Sie wurden für Verschwörungen, Attentate, wirtschaftliche Katastrophen und sogar den Ausbruch von Kriegen verantwortlich gemacht.

Verschwiegenheit und geheimnisvolle Gebräuche

Solche Einschätzungen über die Bruderschaft werden dadurch genährt, dass sich jeder Freimaurer verpflichten muss, nichts über das Innenleben seiner Loge nach außen zu tragen. Folkloristisch anmutende Trachten, seltsame Gebräuche, geheime Symbole und mystische Rituale tragen dazu bei, dass Außenstehende die Welt der Freimaurer als fremd, geheimnisvoll und verschworen, ja gar als verschwörerisch und bedrohlich wahrnehmen. Seit jeher wurden die Freimauer daher in vielen Ländern verfolgt und sind in einigen Staaten auch heute noch verboten.

Entdeckungsreise in eine fremde Welt

Gefährlich oder harmlos? Um diese Frage zu beantworten, muss man in die Traditionen der Freimaurer eintauchen, ihre Geschichte kennen und die Welt der Symbole und Rituale verstehen lernen – eine überaus spannende Entdeckungsreise, die bei der Entstehung der Menschheit beginnt und im 21. Jahrhundert endet.

In einigen Staaten ist die Freimaurerei bis heute verboten, in anderen Ländern bekennt man ganz offen zur Bruderschaft.

Beim Bau des Tempels von Jerusalem, in Auftrag gegeben von König Salomon, soll die Freimaurerei der Legende nach ihren Urspung haben.

Vor- und Gründungsgeschichte der Freimaurerei

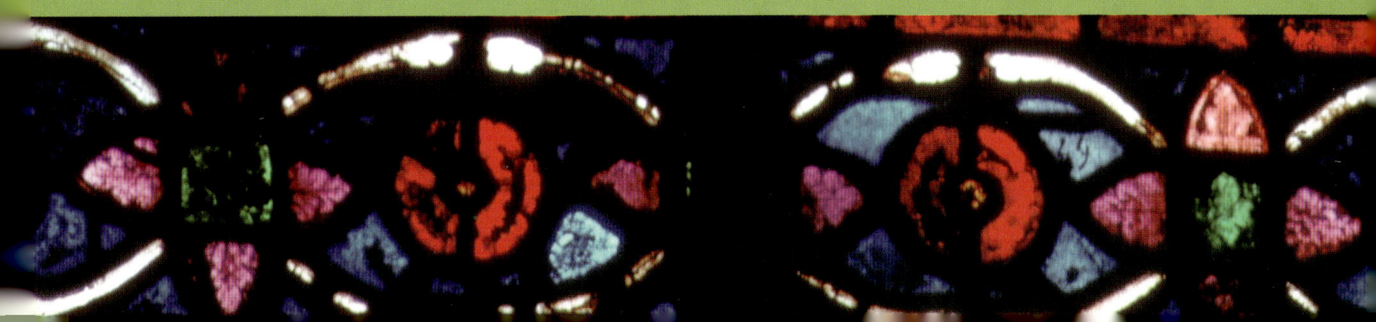

Die Entstehung der Freimaurer: Ursprünge und Mythen

Auf der Suche nach ihren mystischen, philosophischen und organisatorischen Wurzeln gehen die Freimaurer bis zur Entstehungsgeschichte der Erde zurück. Aus biblischen Überlieferungen, mythischen Legenden, großen historischen Bauwerken und alten Geheimbünden speisen sich Traditionen, Riten und Symbole der maurerischen Bruderschaft.

Die Aura ruhmvoller Tradition

Über die geschichtlichen Wurzeln der Freimaurerei haben sich im Laufe der Zeit vielfältige Theorien, Mythen und Legenden entwickelt. Dazu haben die Freimaurer, deren offizielles Gründungsdatum im Jahr 1717 liegt, selber in besonderer Weise beigetragen. Viele Episoden der Kultur- und Menschheitsgeschichte, aber auch der antiken Mythen und der biblischen Überlieferungen wurden von den Freimaurern für ihre eigene Vorgeschichte vereinnahmt. Sie sollen der Vereinigung die Aura großer Tradition und ruhmvoller Herkunft aus geheimnisvollen Ursprüngen verleihen.

Vom Schöpfer bis zu zum Königreich

Freimaurerische Geschichtsschreiber wie der schottische Geistliche James Anderson (um 1684–1739) zeichnen eine Entstehungslegende der Freimaurerei, die bereits mit dem „Großen Baumeister" aller Welten und der Schöpfungsgeschichte beginnt. Das Feigenblatt des aus dem Paradies vertriebenen Adams wird als Vorform der Maurerschürze gedeutet, sein Sohn Kain soll der erste Maurer gewesen sein. Der Sage nach wurden die ersten Wissenschaften vor der biblischen Sintflut begründet. Die geheimen Kenntnisse überlebten die Flut, auf einer Säule verewigt, die später von einem Enkel Noahs gefunden wurde. Die Lehren verbreiteten sich nach Ägypten

Die vor fast 5000 Jahren entstandenen ägyptischen Pyramiden gehören zu den beeindruckendsten Kunstwerken der Baukultur. Für die internationale Freimaurerei ist die Pyramide auch deshalb noch heute eines der wichtigsten Symbole.

Alte Zeugnisse, wie dieses Fresko eines Bauhandwerkers aus dem 12. Jh., verweisen immer wieder auf die Rolle, die die Baukunst seit Menschengedenken in der Kulturgeschichte spielt.

und Babylon und wurden von Moses, dem babylonischen König Nimrod und später von dem griechischen Mathematiker Euklid weiterverbreitet. Zu dieser Zeit seien auch die ersten Regeln für die Bauleute entstanden, die einander Respekt zollen und ihrem Herrn treu dienen sollten. Auch sollte allein der Fähigste zum Meister eines Bauwerks bestellt werden, Herkunft oder Reichtum keine Rolle spielen. Die Gebräuche verbreiteten sich schließlich auch nach Israel, wo sie beim Bau des Tempels von Jerusalem durch König Salomon und seinen Baumeister Hiram eine neue Blüte erfuhren. Nach seiner Fertigstellung zerstreuten sich die kundigen Bauleute und verbreiteten ihre Kenntnisse über Persien, Griechenland, Rom und Frankreich nach England. Auch Franken und Angelsachsen werden von Anderson im Zusammenhang mit der Geschichte der Steinmetz-Bruderschaften erwähnt. Seine Chronologie der maurerischen Vorgeschichte schließt mit einer Abhandlung über die englischen Könige und ihre Beziehungen zur Baukunst.

Geheimbünde, Sagen und Bauhütten

Als weitere Wurzeln tauchen in der freimaurerischen Literatur immer wieder auch der Bau der Pyramiden, die römischen Collegien oder die Religion der Drusen auf. Auch Einflüsse der jüdischen Kabbalah, die sich mit der mystischen Botschaft des Alten Testaments und der talmudischen Religionsgesetze beschäftigt, sind im Freimaurertum nachweisbar. Die konkretesten geschichtlichen Bezüge sind jedoch in den Ausführungen zum Tempelbau von Jerusalem, zu den ägyptischen und griechischen Mysterienbünden, zum Templerorden und zu den mittelalterlichen Dombauhütten erkennbar. Die mit dem Tempelbau verbundene Hiram-Sage spielt in der Philosophie der Freimaurer bis heute eine entscheidende Rolle. Viele Riten, Symbole und Traditionen der antiken Mysterienbünde und des Templerordens wurden von den Freimaurern übernommen. Aus den Bauhütten der Steinmetze gingen die ersten Logen der Freimaurer schließlich direkt hervor.

Euklid (ca. 365–300 v. Chr.) war ein griechischer Mathematiker. Nach der Entstehungslegende der Freimaurer hat er die Geometrie als wichtigsten Baustein der Maurerkunst nach Ägypten gebracht und dort weiterverbreitet.

Die Hiram-Legende

Eine der am weitesten in die Vergangenheit zurückgehenden Ursprungslegenden der Freimaurerei ist die Sage von König Salomon und seinem Baumeister Hiram von Tyrus. Hiram leitete den Bau des Tempels von Jerusalem und wurde noch vor Vollendung des gottgeweihten Bauwerks von drei seiner Gesellen ermordet.

Hirams Tod und Wiedergeburt
In der Freimaurerei muss der Tod Hirams von jedem Anwärter auf den dritten Grad, den Grad des Meisters, nachvollzogen werden. Der Einzuweihende wird dabei mit verbundenen Augen auf den Boden gelegt und in eine Decke gehüllt, um dann symbolisch begraben zu werden. Der Vorsteher der Loge flüstert dem „Toten" schließlich das geheimnisvolle Meisterwort zu. Durch diesen rituellen Akt wird Hiram in dem Anwärter wiedergeboren und dieser in den Meistergrad erhoben.

Einweihung von Grad zu Grad

Die Freimaurerei weist in ihren Riten und Ideen die vielfältigsten Bezüge zur Hiram-Sage auf. Hiram, ein meisterhafter Metallhandwerker und Architekt, wurde etwa 950 Jahre vor Christi Geburt von König Salomon an dessen Hof geholt, um den Bau des Tempels von Jerusalem zu leiten. Der Überlieferung nach waren die Arbeiter auf der Tempelbaustelle bereits in drei Grade eingeteilt: Lehrlinge, Gesellen und Meister. Der Übergang in einen höheren Grad war nur möglich, indem der Betreffende auf Empfehlung und Vorschlag ausgewählt wurde, um schließlich durch eine komplizierte Einweihungsprozedur in die nächste Stufe aufzusteigen.

Säulen spielen in der spirituellen Welt der Freimaurerei eine zentrale Rolle. Ihre Bedeutung leitet sich von Boas und Jachin ab, den beiden Säulen im Vorhof des Salomonischen Tempels. Sie stehen für die entgegengesetzen Pole, über die jedes Ding und jedes Wesen verfügt.

Jeder Grad hat eigene Geheimnisse

Die Angehörigen eines jeden Grades erhielten ihren Lohn an einem besonderen Ort. Die Lehrlinge bekamen ihr Salär an der Tempelsäule namens Boas, die Gesellen an der Säule Jachin. Diese beiden Säulen repräsentieren noch heute in der spirituellen Gedankenwelt der Freimaurer das Prinzip der zwei entgegengesetzten Pole, das alle Lebensbereiche durchzieht. Jeder Grad hatte auch seinen eigenen Erkenntnisstand, war Träger von besonderen Geheimnissen, Erkennungszeichen und Losungswörtern. Lehrlinge, Gesellen und Meister vollzogen während ihrer Arbeit jeweils unterschiedliche Rituale. Andere, spezielle Riten wurden ausgeführt, wenn ein „Profaner", eine bislang nicht zur Baustelle gehörende Person, zur Bruderschaft zugelassen, also „eingeweiht" wurde. All diese verschiedenen Traditionen finden sich in symbolischer Form noch heute in der Freimaurerei wieder.

Ordnung als Prinzip

Ein anderer Bezugspunkt der Freimaurerei zur Hiram-Legende ist das ausgeprägte Ordnungssystem, das auf der Tempelbaustelle herrschte: Der Legende nach äußerte die Königin von Saba den Wunsch, alle Arbeiter auf dem Platz vereint zu sehen. Ein einziger Wink von Hiram soll genügt haben, und schon hätten sich tausende von Arbeitern wie bei einem Appell in drei Reihen aufgestellt, je eine für jeden Grad. Die Königin war voller Bewunderung für diese untadelige Organisation.

Das verborgene Wissen

Eine wichtige Rolle spielt für die Freimaurer auch die Legende von der Tötung und Auferstehung des Hiram. Der Überlieferung nach soll Hiram von drei seiner Gesellen erschlagen worden sein, denen er den Aufstieg in einen höheren Grad verweigert hatte. Seine Mörder sollen versucht haben, ihm die Geheimnisse des Meistergrades, das „geheime Wort", abzupressen, doch Hiram schwieg. Das Wort ging verloren, der Tempel blieb daher unvollendet. Noch heute sucht jeder Freimaurer das verborgene Wissen.

Der innere Tempel

Die Freimaurer sehen sich in der Tradition des Hiram. Allerdings verfolgen sie nicht mehr das Ziel, den Tempel des Salomon zu vollenden, sondern beständig am Aufbau des inneren Tempels, an der eigenen Weiterentwicklung zu arbeiten. Dabei achten sie mit größter Aufmerksamkeit darauf, die drei „bösen Gesellen" zu erkennen, die für sie die Namen Ehrgeiz, Unwissenheit und Gewalt tragen.

Nach biblischer Überlieferung herrschte König Salomon zwischen 965 und etwa 926 v. Chr. in Israel. Er ließ Jerusalem erweitern, dort den ersten großen Tempel errichten (nach der Überlieferung waren die Arbeiter auf der Tempelbaustelle bereits in drei Grade eingeteilt) und öffnete das Reich für fremde Kulturen und Religionen.

Der Jerusalemer Tempel, den König Salomon etwa 950 Jahre v. Chr. erbauen ließ, steht im Mittelpunkt der Hiram-Sage. Hier entstand der Legende nach die klassische Freimaurerei mit ihren Graden und Ritualen.

Die Mysterienkulte der Antike

Bei den hier bildhaft dargestellten Mysterienfeiern im griechischen Eleusis huldigten die Teilnehmer in geheim gehaltenen Prozessionen der Fruchtbarkeitsgöttin Demeter. Dieser Kult fand später Eingang in die Riten der Freimaurer.

Die Ursprünge der Freimaurerei liegen in den Mysterienkulten der Antike. Die Bedeutung von Einweihungszeremonien, Riten und Symbolen sowie des Bewahrens der Geheimnisse der Geheimbünde findet sich noch anderthalb Jahrtausende später in den Logen der Freimaurer wieder.

Einweihung in mythische Geheimnisse

Die mythisch-esoterischen Wurzeln der Freimaurer reichen bis zu den Mysterienbünden der Antike zurück. Im Mittelmeerraum, speziell in Ägypten, Griechenland und im Römischen Reich, hatten sich in den ersten Jahrhunderten nach Christi Geburt viele Mysterienkulte herausgebildet, die verschiedenen Gottheiten huldigten. Ausgangspunkt der Mysterienkulte ist ein Mythos (griechisch: Wort, Rede, Erzählung), eine auf zahlreichen Symbolen aufbauende, bildhafte Erzählung, wie sie zu allen Zeiten in allen Völkern verbreitet wurde. Geheimsagen wie etwa die Mysterien von Eleusis, die ägyptische Osiris-Legende und im Römischen Reich der Mithras-Kult standen dabei im Mittelpunkt. Im Zentrum all dieser Bünde stand die Einweihung oder Initiation. Den Mysten (griechisch: Eingeweihten) wurde bei ihrer Aufnahme ein geheimes Wissen vermittelt, das sie befähigen sollte, Irdisches und Überirdisches tiefer zu durchdringen. Die Einweihungsfeiern zogen sich stets über mehrere Tage hin und gipfelten schließlich in dem eigentlichen Initiationsritus.

Das Versprechen der Unsterblichkeit

Der so eingeweihte Myste konnte sich als Träger geheimen Wissens fühlen und sein eigenes Leben in einen Zusammenhang zwischen irdischer Existenz und himmlischer Göttlichkeit stellen. Der Tod galt in diesen Mysterienkulten nur als Durchgangsstation zu neuem Leben. Dem Eingeweihten winkte die Unsterblichkeit seiner Seele. Da die traditionellen antiken Religionen ein solches Versprechen nicht kannten, lag hier eine besondere Anziehungskraft der Mysterienkulte.

Die Ruinen des Tempels von Eleusis wurden 30 Kilometer nordwestlich von Athen freigelegt. Sie verweisen noch heute auf die Mysterien von Eleusis, einem der wichtigsten Kulte der griechischen Mythologie.

Das Schweigegelübde

Auf den Verrat der Mysterien stand im Altertum, neben der Entziehung sämtlicher Besitztümer, die Todesstrafe. Obwohl fast alle großen und weniger großen Geister des alten Athen sich in die Eleusinischen Mysterien hatten einweisen lassen, wurden die Geheimnisse von den Eingeweihten so gut bewahrt, dass heute nur wenig über den Inhalt der Einweihung bekannt ist. Das „heilige Schweigen" sollte aber auch das Zusammengehörigkeitsgefühl innerhalb der Gruppe stärken und dem Eingeweihten das Gefühl geben, über verborgenes Wissen zu verfügen.

Der Niedergang der Mysterienkulte verlief parallel zum Erstarken des Christentums. Diese Entwicklung wurde entscheidend beeinflusst durch die Erhebung des Christentums zur Staatsreligion durch den römischen Kaiser Theodosius den Großen im Jahre 380 n. Chr. Wesentliche Elemente der Mysterienbünde, etwa die Initiation und das Schweigegelübde, finden sich später bei den Freimaurern wieder. Trotzdem können die antiken Kulte nur bedingt als esoterische Wurzeln der Freimaurerei angesehen werden, da es keine direkten Traditionslinien zwischen den alten Geheimbünden und den mehr als tausend Jahre später entstehenden Logen gibt.

Die Mysterien von Eleusis

Einer der bedeutendsten Kulte der Antike sind die Mysterien von Eleusis. In großen Prozessionen zogen bis etwa zum Ende des 5. Jh. tausende von Gläubigen zweimal im Jahr zu dem im Westen von Athen liegende Dorf und huldigten tagelang der Fruchtbarkeitsgöttin Demeter. Form und Inhalt der heiligen Handlungen, bei denen Opferriten, Gebete und Tänze im Mittelpunkt standen, wurden gegenüber allen Nichteingeweihten streng geheim gehalten. Sie hießen deshalb Mysterien.

Begräbnisstätte der Tempelritter: Der Orden wurde vor allem in Frankreich zu Beginn des 14. Jh. verfolgt. Zahlreiche Templer wurden gefoltert und getötet, der Bund 1312 offiziell zerschlagen.

Das Erbe der Templer

Der mittelalterliche Orden der Tempelritter wurde Anfang des 14. Jh. gewaltsam zerschlagen. Einige seiner Traditionen finden sich über 300 Jahre später bei den Freimaurern wieder.

Arme Ritter

Maßgebliche Bedeutung für die Freimaurerei hatte der Orden der Tempelritter, ein Geheimbund, der vermutlich 1118 von dem französischen Edelmann Hugo de Payes zusammen mit acht Gefolgsleuten gegründet worden war. Ziel des Bundes war es, Pilger auf dem Weg in die Heilige Stadt Jerusalem vor Überfällen zu beschützen. Die Bedeutung des Ordens, dessen Mitglieder in selbst auferlegter Armut lebten, wuchs bald so stark, dass er einen eigenen Sitz im königlichen Palast von Jerusalem erhielt. Dort hatte vor seiner Zerstörung der berühmte Tempel des König Salomon gestanden, der dem Ritterbund auch seinen Namen gab.

Aufstieg und Fall des Ordens

Der Orden breitete sich im Nahen Osten und in fast ganz Europa rasant aus und zählte im 13. Jh. bereits etwa 15 000 Mitglieder. Da diese dem Bund all ihre Besitztümer übereignen mussten, türmte er bald schon gewaltige Reichtümer auf. Seine Macht und auch sein Einfluss wurden so groß, dass immer mehr Fürsten und Könige in politische und finanzielle Abhängigkeit von den Templern gerieten. Der französische König Philipp IV., genannt der Schöne, befürchtete schließlich, dass die Ritter ihn stürzen und die Herrschaft über Frankreich übernehmen wollten. Er ließ vermutlich im Jahre 1313 das Oberhaupt der Templer, Jacques de Molay, und den größten Teil seiner Anhänger verhaften. Viele der Eingekerkerten wurden unter Folter zu dem Geständnis gezwungen, gotteslästerliche Handlungen vollzogen zu haben. Die der Ketzerei angeklagten Ordensbrüder wurden in Schauprozessen verurteilt und auf dem Scheiterhaufen verbrannt. Ihr gewaltsamer Tod besiegelte den Untergang der Templer.

Die „Strikte Observanz"
Der deutsche Freiherr Karl Gotthelf von Hund (1722–1776) versuchte Mitte des 18. Jh., templerische Traditionen mit der Freimaurerei zu verschmelzen. Die Mitglieder der so genannten „Strikten Observanz" verstanden sich als direkte Nachfolger der Templer, ihr höchster Grad der Erkenntnis war der eines Tempelritters. Der „Strikten Observanz" gehörten zeitweilig über 1300 Mitglieder an, darunter allein 26 deutsche Fürsten. Sie verbreitete sich von Sachsen aus bis nach Frankreich, Russland und in den skandinavischen Raum hinein. Nach von Hunds Tod zerfiel die Organisation und wurde 1782 aufgelöst.

Templer und Maurer

Da nicht alle Tempelritter verhaftet und getötet wurden, ranken sich viele Sagen um das Erbe der Templer. Einige Historiker ziehen eine direkte Verbindung zwischen ihnen und den 400 Jahren nach ihrer Zerschlagung gegründeten Freimaurerlogen. Die Freimaurer seien die Männer, die den zerstörten Orden wieder aufbauen und seine Traditionen wiederbeleben würden. Tatsächlich finden sich einige Parallelen zwischen den Templern und den Freimaurern; so spielen in beiden Geheimbünden Initiationsriten und streng gehütete Geheimnisse eine große Rolle. Tatsache ist auch, dass die Freimaurer etwa den Begriff des „Großmeisters" von den Tempelrittern übernahmen und einen ihrer höheren Grade der „Legende von de Molay" geweiht haben. Innerhalb der Freimaurerei gibt es zudem einige Rituale, die auf die Templer zurückgehen. Auch wurden auf den Gräbern und Särgen vieler Templer Insignien wie Winkelmaß, Lot und Hammer gefunden, die auch für die Freimaurerei zentrale Symbole sind. Die Theorie jedoch, dass die Freimaurer die legitimen Erben der Tempelritter sind, konnte nie belegt werden. Sie gehört in das Reich der Mythen und Legenden.

Die Tempelritter, kurz Templer genannt, waren ein mittelalterlicher Ritterorden. Ihre Erkennungszeichen waren ein weißer Wappenrock und ein rotes Kreuz, das so genannte Tatzenkreuz.

Von der mittelalterlichen Bauhütte zur Loge

Die eigentlichen Vorläufer der Freimaurerei sind die mittelalterlichen Bauhütten, die überall dort entstanden, wo Kirchen gebaut wurden. Sie setzten sich aus Steinmetzen, Maurern und Deckern zusammen, die durch geheime Kenntnisse und Rituale miteinander verbunden waren. Aus ihnen entwickelten sich später die Logen.

Die Entstehung der Bauhütten

Ab dem Jahr 1000 wurden in Westeuropa allenthalben Kirchen und Klöster gebaut, und überall dort, wo große Kathedralen und mächtige Dome entstanden, schlossen sich auch die Bauleute zu Handwerkervereinigungen zusammen. Diese so genannten Bauhütten waren streng hierarchisch gegliederte Gemeinschaften. An unterster Stelle standen die gewöhnlichen Steinmetze (engl. *mason*), die zum Teil riesige Steinblöcke bearbeiteten. Nach der Lehrzeit durften sie als Freimaurer Gewölberippen und ornamentalen Schmuck nach konkreten Modellen herstellen. Die nächst höhere Stufe nahmen die Figurenbildhauer ein, die die Statuen nach biblischen Vorbildern schufen. Leiter der Bauhütte war der Hüttenmeister. Er war im Besitz der Hüttengeheimnisse, der handwerklichen, technischen, mathematischen und gestalterischen Kenntnisse, die für die Errichtung einer Kathedrale unentbehrlich waren.

Der Zirkel steht in der Freimaurerei für die Tradition der Baukonstruktion. Er symbolisiert gleichzeitig das Geistige und Spirituelle und versinnbildlicht für die Freimaurer Offenheit und Toleranz.

Masons und Freemasons

Der Begriff „Freimaurer" ist eine ungenaue Übersetzung des 1376 zum ersten Mal urkundlich erwähnten englischen Wortes „freemason". Damit wurde im Mittelalter ein qualifiziert ausgebildeter Steinmetz und Kirchenbauer bezeichnet. Dabei ist nicht eindeutig zu klären, welche Tätigkeiten die Freemasons im Einzelnen ausübten und welche Bedeutungsveränderungen der Begriff im Laufe der Jahrhunderte erfuhr. Es gibt aber Hinweise darauf, dass die Freemasons auch bildhauerische Qualifikationen besaßen und die Aufgaben eines Architekten wahrnahmen. Unklar ist auch, worin genau der Unterschied zwischen einem Mason und einem Freemason bestand. Im 15. und 16. Jh. wurden beide Begriffe oft gleichbedeutend verwendet.

Verschworen durch ein Geheimnis

Die Baubruderschaften bildeten eine verschworene Gemeinschaft, deren Zusammenhalt nicht nur in ihrem handwerklichen Wissen gründete, sondern auch in bestimmten Ritualen und Symbolen. Alle Bauhütten verfügten über ein Buch, in dem die Prinzipien der Konstruktion eingetragen waren, ein für alle Baubrüder verbindlicher Verhaltenskodex sowie ein „Geheimnis", die

Ab etwa dem Jahr 1000 wurden in Europa zahlreiche mächtige Kathedralen gebaut. Wo immer Kirchen entstanden, schlossen sich die Handwerker zu so genannten Bauhütten zusammen.

Das Münster von York ist die größte mittelalterliche Kirche Englands. Beim Bau der gothischen Kathedrale organisierten sich um 1350 vermutlich erstmals die „Masons" zu einer „Loge".

so genannte innere Hütte. Dieses Geheimnis bestand vor allem aus bestimmten Ritualen, wie Grußformeln oder Passworten, mit denen sich einander fremde Handwerker gegenseitig erkannten und die wandernden Handwerksburschen als „Ausweis" dienten. So hüteten die Bauhütten die Geheimnisse ihres Berufsstandes mit äußerster Sorgfalt, auf dass kein Fremder sich die Kenntnisse der Hütten aneignen konnte.

Von der Hütte zur Loge

Mitte des 15. Jh. begann der langsame Niedergang der Bauhütten. Immer weniger Kathedralen und Schlösser wurden errichtet, sodass die Handwerkervereinigungen zunehmend an Bedeutung verloren. Doch es dauerte noch bis ins 17. Jh. hinein, bis die Hütten nach und nach aufgelöst und zumeist durch Zünfte ersetzt wurden. In dieser Zeit kommt der Begriff der Loge als Bezeichnung für alle an einem Bauwerk tätigen Steinmetze auf. Erstmals beim Bau des Münsters von York Ende des 14. Jh. wird von den „Steinmetzen der Loge" gesprochen. Die Verwendung des Wortes Loge als Zunftorganisation der Steinmetze ist zum ersten Mal für das Jahr 1599 dokumentiert

Die angenommenen Masons

Mit dem Ende der Zeit der großen Dombauten veränderte sich auch die Struktur der Logen: Bestanden sie bis zum 17. Jh. ausschließlich aus Angehörigen des Baugewerbes, öffneten sie sich jetzt zusehends für Nichthandwerker.

Die Baumeister genossen hohes gesellschaftliches Ansehen, und Berufsfremde sahen es nun als Ehre an, Mitglied der Logen zu werden: Adlige, Bürger und Gelehrte traten als „angenommene" Masons den Bauvereinigungen bei. Zunächst hatten diese Ehrengäste keinen großen Einfluss auf die Arbeit der Logen. Sie bescherten den wegen ihrer karitativen Pflichten gegenüber den eigenen Mitgliedern oft in Geldnöten steckenden Vereinigungen durch ihre Beiträge aber erhebliche zusätzliche Finanzmittel.

Die Geburt der spekulativen Freimaurerei

Im Laufe der Jahrzehnte veränderte sich in vielen Logen das Verhältnis von Bauleuten zu Nichthandwerkern. So verzeichnete die schottische Loge von Aberdeen im Jahr 1670 nur noch zehn Maurer als Mitglieder, aber 39 Männer aus baufremden Berufen. Durch die Aufnahme „angenommener" Masons wandelten sich immer mehr Logen von „operativen" zu „spekulativen" Zusammenschlüssen, in denen nicht mehr die konkrete Bautätigkeit, sondern symbolisches Handeln im Vordergrund stand.

Aus den echten Bauhütten waren geistig und gesellschaftlich interessierte Clubs geworden – die moderne Freimaurerei war geboren.

Die Geburtsstunde der Freimaurerei

Im Juni 1717 vereinigen sich vier Londoner Freimaurerlogen zu einer Großloge. Der Zusammenschluss läutet eine rasante Entwicklung der Freimaurerei ein. Bald schon übernimmt der Adel das Sagen in der Loge.

Gründung am Johannistag

Die offizielle Geburtsstunde der Freimaurerei ist der Johannistag, der 24. Juni des Jahres 1717. An diesem Tag trafen sich in London vier Logen, die sich nach den Wirtshäusern benannt hatten, in denen sie sich regelmässig trafen. Es waren die Logen „Zum Apfelbaum", „Zur Gans und zum Bratrost", „Zur Krone" und die Loge „Zum Römer und zur Traube". Nur die letztgenannte Loge bestand ausschließlich aus spekulativen Freimaurern. Die anderen drei zählten hauptsächlich Bauleute und Handwerker zu ihren Mitgliedern. Das Treffen, dass in der Gaststätte „Zur Gans" am St. Paul's Churchyard stattfand, hatte den offiziellen Zweck, die vier Logen aus Gründen der Geselligkeit miteinander zu einer „Großen Loge von London und Westminster" zu verbinden. Ein anderer Grund für die Zentralisierung war die akute Krise der drei „operativen" Logen, die unter massivem Mitgliederschwund litten. Sie wollten sich mit der erfolgreicheren, spekulativen Loge „Zum Römer und zur Traube" zusammenschließen, die rund 70 Mitglieder hatte, mehr als die anderen drei Logen zusammen. Ein weiteres Ziel des Zusammenschlusses war es, die Wohltätigkeit gegenüber den eigenen Mitgliedern besser zu organisieren.

Die ersten Großmeister und der Einzug des Adels

Als ersten Großmeister wählten die Logenbrüder den ältesten Logenmeister, Anthony Sayer (1672–1742), der dieses Amt allerdings nur ein Jahr ausübte. 1718 wurde Sayer vom Sekretär des Londoner Steueramtes, George Payne abgelöst, der wiederum ein Jahr später dem Naturphilosophen John Theophilus Desaguliers (1683–1744) als Großmeister weichen musste. Desaguliers, ein Mitglied der angesehenen Londoner Gelehrtengesellschaft „Royal Society" führte kurze Zeit später der Loge mit dem Herzog von Montagu den ersten Adligen zu, der 1721 dann selbst Großmeister der Londoner Logenvereinigung wurde.

In London, in der Nähe der St. Paul's Cathedral, schlossen sich am 24. Juni 1717 vier Logen zu einer Großloge zusammen. Dieses Ereignis gilt als die eigentliche Geburtsstunde der Freimaurerei.

Der Eintritt des Herzogs bedeutete für die Loge einen ungeheuren Zuwachs an Ansehen. Immer mehr bedeutende und einflussreiche Leute traten nun in die Große Loge ein, ab 1721 standen ausschließlich Mitglieder des Königshauses und des Hochadels an der Spitze der Großloge, die immer weiter wuchs. So umfasste sie 1721 bereits zwölf, zwei Jahre später gar 52 einzelne Logen.

Der Herzog John von Montagu war einer der adeligen Freimaurer Englands und wurde 1721 zum Großmeister der englischen Logenvereinigung gekürt. Sein Wirken brachte der Bruderschaft großen Zulauf.

Auftrag für eine Verfassung

Vor der Gründung der Großloge hatte jede einzelne Loge eine eigene „Konstitution" mit ihren wichtigsten Glaubenssätzen. 1721 beauftragten Desaguliers und Montagu den schottischen Geistlichen Dr. James Anderson (1689–1739), der Großloge auf der Grundlage dieser Konstitutionen eine eigene Verfassung zu schreiben. Diese „Alten Pflichten" wurden 1723 veröffentlicht und gelten bis heute als Grundgesetz der Freimaurer.

Johannes der Täufer und die Freimaurer

Johannes der Täufer, der auch Jesus die heilige Weihe erteilte, ist seit ewigen Zeiten der Schutzpatron der englischen Steinmetzbruderschaften. Er gilt den Freimaurern bis heute als Verkörperung von Mut, Moral und Idealismus. Sein Geburtstag, der 24. Juni, markiert nicht nur die Geburtsstunde der modernen Freimaurerei, sondern ist für fast alle Logen auch bis heute der höchste Feiertag. An diesem Bundesfest der Freimaurerei soll möglichst jeder Freimaurer teilnehmen, um seine Zugehörigkeit zu dem die Erde umspannenden Bund zu bekunden. Da der Tag fast mit der Sommersonnenwende zusammenfällt, steht Johannes auch für das Licht, das in der maurerischen Philosophie eine besondere Bedeutung hat. Die drei freimaurerischen Grade des Lehrlings, Gesellen und Meisters heißen allgemein Johannisgrade, und die diese drei Grade erteilenden Logen werden Johannislogen genannt.

Johannes der Täufer gilt in der christlichen Lehre nach Maria als der zweitbedeutendste Heilige und Vorbild des Askesetums. Neben Maria und Joseph ist er der einzige Mensch, dem Jesus sich (bei seiner Taufe) freiwillig unterwirft.

Ausbreitung der Freimaurerei

Friedrich der Große trug im 18. Jh. viel zur raschen Ausbreitung der Freimaurerei in Deutschland bei. Er war bekennender Freimaurer und förderte die Bruderschaft aktiv.

Von Großbritannien ausgehend, breitet sich die Freimaurerei nicht nur auf dem europäischen Festland und in den englischen Kolonien aus. In der Neuen Welt fielen die Ideen auf besonders fruchtbaren Boden.

Von der Insel aufs europäische Festland

Mit der Veröffentlichung der „Alten Pflichten" war die Gründungsphase der spekulativen Freimaurerei abgeschlossen, und sie konnte sich nun auf dem europäischen Kontinent ausbreiten. 1729 wurde in Madrid die erste nichtbritische Loge ins Leben gerufen. In den folgenden Jahren gründeten sich Freimaurerbünde in Paris (1732), Florenz (1733), Den Haag, Lissabon, Stockholm (1735) und in Genf (1736). Auch in den Kolonien wurden schon bald die ersten Logen gegründet, in der englischen Kronkolonie Gibraltar bereits im Jahr 1729, im darauf folgenden Jahr in Kalkutta und 1739 auf Jamaika.

Friedrich der Große als Förderer

In Deutschland ist die Ausbreitung der Freimaurerei eng verbunden mit dem preußischen König Friedrich II. (1712–1786). Bereits zwei Jahre bevor er den Thron bestieg, war er in Braunschweig in den Freimaurerbund aufgenommen worden, und als er 1740 König wurde, bekannte er sich offiziell zur Freimaurerei. Noch im selben Jahr, am 13. September, wurde auf seine Initiative hin in Berlin die Großloge „Zu den drei Weltkugeln" gegründet. Als preußischer Herrscher förderte Friedrich maßgeblich die Aufnahme von Adligen, hohen Militärs und einflussreichen Politikern in die Logen, die somit schnell an gesellschaftlichen Einfluss gewannen.

Von Berlin aus verbreiteten sich die Freimaurerlogen dann über Breslau, wo 1741 eine Loge gegründet wurde, nach Wien. Dort entstand im September 1742 die erste Loge mit dem Namen „Zu den drei Kanonen", die allerdings nur sechs Monate lang bestand: Im März 1743 wurde sie auf Befehl der damaligen Erzherzogin von Österreich, Maria Theresia (1717–1780), mit Polizeigewalt aufgelöst, da die spätere Kaiserin den freimaurerischen Bruderschaften misstraute – obwohl sie selbst mit einem Freimaurer verheiratet war.

Unter dem Einfluss des Adels

Währenddessen wuchs auch im Mutterland der spekulativen Freimaurerei die Zahl der Logen weiter kontinuierlich an: Aus den 52 Logen des Jahres 1725 waren sieben Jahre später bereits 109 geworden. 1737 wurde das Ansehen des englischen Logenwesens durch die Aufnahme des Prinzen Friedrich von Wales, des ersten Mitglieds des englischen Königshauses, erheblich gesteigert. Nicht überall aber war der Einfluss des Adels auf die Logen so stark wie in England, Preußen und Österreich. In Frankreich, wo im Jahr 1736 die erste Großloge gegründet wurde, zählten vor allem Intellektuelle aus dem Kultur- und Geistesleben zu den Förderern der Freimaurerei.

Ausbreitung in den USA

Durch schottische, englische und irische Einwanderer gelangte die freimaurerische Philosophie schon früh in die Neue Welt, wo sich der Pioniergeist der nordamerikanischen Einwanderer in vielen Bereichen mit den schöpferischen Idealen der Logenbrüder deckte. Denn dort konnten die auf Toleranz und Anerkennung von allgemein gültigen Menschenrechten aufbauenden Prinzipien der Freimaurer praktisch ausprobiert werden.

Franklin und die ersten Logen

Die ersten freimaurerischen Bruderschaften entstanden vorwiegend in den Hafenstädten, in denen die Schiffe vom alten Kontinent anlandeten. 1730 wurden in New York, New Jersey und Philadelphia die ersten heute noch nachweisbaren Logen in den Vereinigten Staaten gegründet.

Die erste nordamerikanische Großloge, die St. John's Lodge, wurde 1733 unter der Schirmherrschaft der Großloge von England in Boston, der späteren heimlichen Hauptstadt der Freimaurerlogen, ins Leben gerufen. Die Gründung zahlreicher weiterer Logen und lokaler Vereinigungen folgte. Die Ausbreitung der Freimaurerei in den USA ist untrennbar mit dem Namen des amerikanischen Staatsmannes Benjamin Franklin verbunden, der selber 1731 Freimaurer und drei Jahre später erstmals Provinzial-Großmeister von Pennsylvania wurde. Er sorgte 1934 auch für die Veröffentlichung der freimaurerischen „Verfassung“, der „Alten Pflichten“.

Freimaurer in der Armee

Zudem entstanden in dieser Zeit immer mehr so genannte Feld- oder Regimentslogen des Militärs, da Teile der britischen Arme in der Kolonie ihren Dienst taten. Die Militärs waren mobil und beförderten ihre Ordenstrachten und andere Requisiten in Truhen. Diese Logen, in der einfache Soldaten und hochrangige Kommandanten vereint waren, wurden nicht von der britischen, sondern von der irischen Großloge autorisiert. Das Logenwesen und damit die Gedanken der Freimaurerei verbreiteten sich bald in der gesamten Armee. Große Teile der militärischen Führung kamen so mit den Idealen der Freimaurer in Kontakt, die auf dem Weg Nordamerikas in die Unabhängigkeit von England eine zentrale Rolle spielen sollten. Einer dieser Offiziere war der junge George Washington, der später der erste Präsident der USA werden sollte.

Als Erzherzogin von Österreich ließ Maria Theresia die erste Wiener Freimaurerloge mit Polizeigewalt auflösen. Die spätere Kaiserin misstraute den Bruderschaften, obwohl ihr Mann, Herzog Franz Stephan von Lothringen, selbst Freimaurer war.

Das Innenleben der Freimaurer

Zwischen Ethik und Esoterik

Die Freimaurerei lehrt Humanität nicht als abstrakte Moral, sondern als lebendige Praxis. Beim Wachstumsprozess des „Suchenden" stehen Symbole und Rituale im Vordergrund.

Veränderst du dich selbst, veränderst du die Welt

Die freimaurerische Ethik ist keine geschlossene Philosophie. Sie kennt keine Dogmen, starren Lehrsätze und abstrakten Morallehren, sondern beruft sich auf humanitäre Werte, die durch die Gemeinschaft der Brüder und über ständig wiederkehrende Rituale vermittelt werden. Das Irdisch-Materielle und das Geistig-Spirituelle, für das die Hauptsymbole Winkel und Zirkel stehen, soll harmonisch vereint werden. So bewegt sich das Innenleben der Logen zwischen Ethik und Esoterik. Die freimaurerische Ethik ist geprägt durch den Gedanken der Humanität.

Die Freimaurer bauen, wie aus ihren Ritualen hervorgeht, am Tempel der allgemeinen Menschenliebe und weltumspannenden, friedvollen Brüderlichkeit. Es geht ihnen darum, sich selbst zu vervollkommnen, um als besserer Mensch in die Welt hinauszugehen und sie im Sinne des Humanen zu verändern. Der Weg zur Humanität ist ein innerer Wachstumsprozess, der dem Freimaurer bei seiner rituellen Arbeit mithilfe von Symbolen vor Augen geführt wird.

Geschäftsmaurerei

Für Geschäftemacher ist die Loge kein geeignetes Umfeld. „Geschäftsmaurerei" ist bei den Freimaurern verpönt und gilt als Missbrauch der maurerischen Idee.

Schon bei seinem Aufnahmeantrag muss der neue Maurer unterschreiben, dass er von der Loge keinerlei finanziellen Nutzen erwartet. Jeder Versuch eines Bruders, die Loge trotzdem für seine wirtschaftlichen oder auch politischen Ziele zu nutzen, gilt als Vergehen und wird geahndet.

Eine daraus entstehende Cliquenbildung könnte den Ruf der Loge und seiner Mitglieder beschädigen. Deshalb ist der Freimaurer verpflichtet, bei einem geschäftlichen Auftrag den Maurerbruder nicht zu bevorzugen.

Allein die Qualität des Angebots muss entscheiden und nicht die Frage, ob der Geschäftspartner Mitglied der Bruderschaft ist. Dabei sind die Grenzen allerdings fließend: Dass Geschäftsleute, die sich kennen und vertrauen, eher geneigt sind, miteinander als mit Fremden Geschäfte zu machen, ist auch Freimaurern nicht fremd.

Sich die Hand reichen zu einer weltumspannenden Kette der Bruderliebe: In der Ethik der Freimaurer steht Brüderlichkeit und ein friedvolles Miteinander an allererster Stelle.

Hilfe unter Brüdern muss uneigennützig sein

Der Mensch als leidendes, liebendes und vor allem lernendes Wesen steht im Mittelpunkt der maurerischen Werte und Bräuche.

Die Frage nach dem Wesen des Menschen und seiner Rolle in der menschlichen Gemeinschaft, im Kreislauf der Natur und im Universum gehört zu den Leitfragen der Bruderschaft.

Menschlichkeit, Menschenwürde, Mitgefühl und Mitleid sind nicht nur abstrakte Tugenden bzw. Normen, sondern vor allem konkrete Praxis. Zur freimaurerischen Ethik gehört dementsprechend auch das Postulat der gegenseitigen und uneigennützigen Hilfeverpflichtung unter Brüdern.

Das Gerücht von der Pflicht zum Selbstmord

Dieses Postulat hat die Freimaurer aber auch in Verruf gebracht: Ihnen wurde immer wieder unterstellt, den Freimaurerverband zu nutzen, um geschäftlichen und anderen wirtschaftlichen Nutzen aus der Bruderschaft zu ziehen. Zum anderen hielt sich über Jahrhunderte das Vorurteil, es gäbe eine Regel, nach der Freimaurer ihre Brüder lediglich dreimal um Hilfe bitten dürften, dann müssten sie sich selbst töten. Dieses Gerücht, das aus den Zeiten stammt, in denen Männer mit gekränktem Ehrgefühl sich tatsächlich umbrachten, entbehrt jeder faktischen Grundlage.

Einer humanistischen Vereinigung, welche die sittliche Vervollkommnung des Menschen als oberstes Ziel hat, liegt wohl nichts ferner, als ihre Mitglieder in den Selbstmord zu treiben.

Mitmenschlichkeit und Hilfsbereitschaft sind zentrale Tugenden im Selbstverständnis der Bruderschaft. Überall in der Welt beteiligen sich die Freimaurer am Aufbau karitativer Einrichtungen.

Internationale Freimaurertreffen wie hier 1925 in London sollen den Austausch zwischen den Brüdern verschiedener Nationen und Kontinente fördern und die brüderliche Solidarität untereinander stärken.

Menschenbild und inneres Wachstum

Der Mensch und seine Selbstvervollkommnung stehen im Mittelpunkt der freimaurerischen Philosophie. Dementsprechend ist der höchste Sinn des menschlichen Daseins, an sich zu arbeiten, um als Mensch zu wachsen und positiv in die Gesellschaft hineinzuwirken.

Vom rauen Stein zum inneren Tempel

Der Mensch wird in der freimaurerischen Philosophie mit einem unbearbeiteten „rauen" Stein verglichen. Der Stein kann durch ständiges „Behauen" zu einem persönlichen Kunstwerk geformt werden. Dieser Prozess der eigenen Lebensgestaltung wird auch der Aufbau des „inneren Tempels" genannt. Durch Selbsterziehung, aber auch in der brüderlichen Verbindung der Freimaurer soll der Mensch sein wahres Menschsein erkennen.

Der Große Baumeister

Bei der Berufung auf allgemeine Werte und Ideale spielt in der Freimaurerei die Übersinnlichkeit (Transzendenz) eine entscheidende Rolle. Der Unvollkommenheit des Menschen wird das Sinnbild des „Großen Baumeisters" aller Welten entgegengesetzt. Der „Große Baumeister" aller Welten, der in den „Alten Pflichten" der Freimaurer als „Great Architekt of the Universe" bezeichnet wird, ist dabei nicht nur die Verkörperung eines überreligiösen Schöpfers und Bewahrers der Welt. Er steht gleichzeitig für das Prinzip der ethischen Verantwortung, eines Wirkens voll Weisheit und Schönheit. Diesem unerreichbaren Ideal schrittweise näher zu kommen, ist das höchste Ziel der freimaurerischen Selbstvervollkommnung.

Der Kupferstich aus der Mitte des 18. Jh. zeigt einen Freimaurer, zusammengesetzt aus den Symbolen der Tempelarbeit. Sie versinnbildlichen die verschiedenen Tugenden, die für die Bruderschaft eine wichtige Rolle spielen.

Er soll die wichtigsten Werte einer funktionierenden Gemeinschaft begreifen und sein Leben danach gestalten. Das Ziel ist der neue, der bessere Mensch. Mit dem Eintritt in eine Loge stellt sich damit für den neu aufgenommenen Bruder die Aufgabe, sein Leben zu ändern. Dabei stehen vier Werte im Zentrum, die für das Selbstverständnis der Freimaurer prägend sind: Freiheit, Toleranz, Humanität und die brüderliche Solidarität untereinander.

Rituale ersetzen Vorschriften

Die Lebenskunst der Freimaurer ist somit ein ethisches Konzept, um den Menschen auf den Weg zur Selbstvervollkommnung zu führen. Diese Einübungsethik kommt ohne strenge Vorschriften und Gebote aus. Stattdessen vermittelt sie durch Übung und ständige Wiederholung bei ihren Logenbrüdern bestimmte Vorstellungen hinsichtlich dessen, was als vorbildliche Verhaltensweise gelten kann. Zu diesem Zweck bedient sich die Bruderschaft der freimaurerischen Rituale in den so genannten Tempelarbeiten.

Alle Menschen werden Brüder

Die Freimaurerei versteht sich als hohe Schule der Toleranz und Brüderlichkeit und vereint in diesen Idealen sämtliche Mitglieder der Bruderschaft auf der ganzen Welt. Jedem lässt sie dabei seine eigenen Überzeugungen und Lebensweisen; gleichzeitig jedoch verpflichtet sie alle Brüder auf verbindliche Tugenden, die anzustreben sie für Menschen aller Kulturen und Rassen, jeder Herkunft und Überzeugung für wichtig erachtet. Das Menschenbild ist somit verbindend und ausgleichend angelegt.

Das Menschenbild der Freimaurer ist daher bestimmt durch die Idee der eigenen permanenten „Selbstveredelung" und deren auf Ausgleich zielenden Einfluss auf die menschliche Gemeinschaft. Jeder Logenbruder baut auch am Tempel der allgemeinen Menschenliebe und einer humaneren Gesellschaft mit. Die Verwirklichung der freimaurerischen Werte und Ideale in der Gesellschaft liegt dabei in der Verantwortung jedes Einzelnen, ist doch die solidarische Verbundenheit aller Menschen das Leitbild der freimaurerischen Ethik – die Vereinigung aller Menschen zur großen Menschheitsfamilie, zur weltumspannenden „Bruderkette". Ausgehend von diesen Grundgedanken, haben Freimaurer immer wieder Wohltätigkeits- und Hilfsorganisationen aufgebaut, aber auch versucht, globale Vereinigungsprozesse anzustoßen.

Der Mensch als rauer Stein, den es kunstvoll zu formen gilt: Was hier bei der Erstellung des Mount Rushmore Memorials am Konterfei von Abraham Lincoln äußerlich passiert, versuchen die Freimaurer in ihrem Innern durch Selbsterziehung zu erreichen.

Freiheit und Toleranz

Nach Überzeugung der Freimaurer bedingen Freiheit und Toleranz einander: Nur wer den Andersdenkenden achtet, beschränkt dessen Freiheit nicht. Statt Weltanschauung und Glauben zählen für die Freimaurer Ehre und Aufrichtigkeit. Sie dienen dem Ziel, eine brüderliche Gemeinschaft von Menschen unterschiedlichster Geisteshaltungen zu entwickeln.

Toleranz heißt Achtung des Anderen

Die Freimaurerei war entscheidend an der Ausbreitung des Toleranzgedankens beteiligt. Der Begriff „Toleranz“ wurde im 16. Jh. in der Bedeutung von „dulden“, „ertragen“ oder „gewähren lassen“ dem lateinischen Wort *tolerare* entlehnt. Er bedeutet für die Freimaurer aber noch mehr: Andere, abweichende Meinungen und Lebensstile sollen nicht nur zu ertragen oder geduldet, sondern auch geachtet und respektiert werden. Toleranz ist für Freimaurer die Erkenntnis, dass kein Mensch im Besitz der absoluten Wahrheit ist, weil eine solche gar nicht existiert. Für die Wertschätzung eines Menschen sind damit nicht seine Überzeugungen oder sein Glaube entscheidend, sondern ausschließlich seine „Ehre und Aufrichtigkeit“.

Diese Toleranz gegenüber anderen Weltanschauungen und Religionen ist bis heute eine entscheidende Grundlage der Freimaurerei. Sie wird mit einem Satz des berühmten französischen Freimaurers und Philosophen Voltaire (1694–1778) am besten umschrieben: „Ich teile ihre Ansicht zwar nicht, ich werde mich aber stets dafür einsetzen, dass sie diese ungehindert äußern dürfen.“ Den Freimaurern geht es darum, Menschen unterschiedlichster Glaubensrichtungen und politischer Überzeugungen zu einem „Bund der Freundschaft“ zusammenzuführen. Ihre Utopie lautet: „Alle Menschen werden Brüder“.

In der Kunst wird die Verbindung zwischen der Erkämpfung von Freiheitsrechten und Freimaurerei oft angedeutet. Auf diesem Bild, das die französische „Erklärung der Menschen- und Bürgerrechte“ von 1789 versinnbildlicht, ist das freimaurerische Symbol des „allsehenden Auges“ eingearbeitet.

Rassismus, wie bei den Mitgliedern des legendären Ku-Klux-Klans, ist den Freimaurern fremd. Zu dem Klan stehen sie im offenen Widerspruch. Allerdings war auch bei den Freimaurern die Aufnahme von Menschen mit schwarzer Hautfarbe vor allem in den USA lange umstritten.

Die Freiheit des Anderen

Toleranz bildet die Grundlage für den Freiheitsbegriff der Freimaurer. Die Sozialistin Rosa Luxemburg (1870–1919) hat den bekannten Satz geprägt: „Freiheit ist immer die Freiheit des Andersdenkenden". Das bedeutet: Die Menschen können nicht frei sein, wenn sie die Freiheit ihrer Mitmenschen beschränken. Niemand kann für seine Freiheit Toleranz beanspruchen, wenn er sie dem anderen nicht gewährt. Das bedeutet aber auch: Die Toleranz gegenüber dem Anderen endet dort, wo dieser mit seinen Handlungen die Freiheit anderer Menschen beschneidet. Eine intolerante Geisteshaltung und Handlungsweise muss von einem Freimaurer allenthalben wenn nicht bekämpft, so zumindest zurückgewiesen werden.

Menschenwürde ist unteilbar

Der Toleranz- und Freiheitsgedanke hat sich in vielen Grundprinzipien der bürgerlichen Gesellschaft niedergeschlagen. Das Prinzip der Gewissens- und Meinungsfreiheit ist aus ihm genauso hervorgegangen wie die Prinzipien der Menschenwürde und der unveräußerbaren Menschenrechte.

Die freimaurerische Toleranz und ihr Beharren auf Freiheit lehnt jede Benachteiligung von Menschen aufgrund ihrer Herkunft, ihres Geschlechts, ihrer Religionszugehörigkeit oder ihrer Hautfarbe ab. Dagegen setzt sie das Prinzip der Gleichheit aller Menschen. Auf dieser Grundlage stehen für die Freimaurer die Menschlichkeit und die Menschenwürde im Mittelpunkt des Denkens und Handelns.

Toleranzprinzip
Das Toleranzprinzip spielt auch in vielen freimaurerischen Ritualen der Gesellen und Lehrlinge eine entscheidende Rolle. Durch die Rituale soll der Freimaurer lernen, im Anderssein des Anderen nicht etwas gegen ihn Gerichtetes zu sehen. Er soll verstehen, dass nur die Vielfalt von Ideen und Lebensweisen den Reichtum des Lebens begründet.

Die Alten Pflichten

THE

CONSTITUTIONS

OF THE

FREE-MASONS.

CONTAINING THE

History, Charges, Regulations, &c.
of that most Ancient and Right
Worshipful FRATERNITY.

For the Use of the LODGES.

LONDON Printed; Anno 5723.
Re-printed in Philadelphia by special Order, for the Use
of the Brethren in NORTH-AMERICA.
In the Year of Masonry 5734, Anno Domini 1734.

Umschlag der englischen Orginalausgabe des 1723 erschienenen Konstitutionsbuchs von James Anderson: Die „Alten Pflichten" wurden zur Bibel der Freimaurerei.

Die Regeln und Gesetze der Freimaurerbruderschaften in Großbritannien wurden ursprünglich so gut gehütet, dass sie Außenstehenden kaum bekannt wurden. Erst als der schottische Geistliche James Anderson im Januar 1723 das Konstitutionsbuch im Auftrag der Londoner Großloge veröffentlichte, wurden sie für jeden nachlesbar. „Die Alten Pflichten" gelten auch heute noch als „Grundgesetz" der Freimaurer, auf das ihre ethischen Vorstellungen zurückgeführt werden können.

Eine Religion für alle Menschen

Dabei greift Anderson sowohl bei seiner Entstehungslegende der Freimaurerei wie auch bei seinem Tugend- und Pflichtenkatalog auf zahlreiche mündliche und schriftliche Überlieferungen zurück, die teilweise viele Jahrhunderte alt sind. Traditionell ist die Dreiteilung zwischen religiösen, allgemeinen und handwerklichen Vorschriften. „Die Alten Pflichten" (englischer Originaltitel „The charges of a Free-Mason") gliedern sich in sechs Hauptteile auf. Im ersten Teil „Von Gott und der Religion" werden die Freimaurer nicht auf den in ihrem Land oder Kulturkreis vorherrschenden Glauben verpflichtet, sondern auf einen Religionsbegriff, in dem „alle Menschen übereinstimmen und jedem seine besonderen Überzeugungen" belassen werden. Die Freimaurer sollen an einen Gott glauben, wobei aber keine Religion als höherwertiger angesehen wird, als eine andere.

Rebellion ist verpönt

Im zweiten „Hauptstück", das den Titel „Von der bürgerlichen Obrigkeit, der höchsten und der untergeordneten" trägt, wird jeder Rebellion gegen die Staatsgewalt abgeschworen. Zwar soll Logenbrüdern, die eine „aufrührerische Haltung" zeigen, mit „Empörung" begegnet werden; sie dürfen aber nicht aus der Loge ausgeschlossen werden. Der dritte Teil der „Alten Pflichten" handelt „von

Die wichtigsten Tugenden

Die „erste Pflicht" deutet Religion zu einem Katalog von Tugenden um, die ihre Begündung nicht mehr in von Gott gesetzten Normen haben. Als wichtigste positive Eigenschaften werden Wahrhaftigkeit, Rechtschaffenheit, Ehre und Freundschaft genannt. In der „zweiten Pflicht" werden als erstrebenswerte Tugenden darüber hinaus Friedensliebe und Treue zum Staat und seinen Gesetzen aufgeführt. Alle weiteren Pflichten bauen auf diesen sittlichen Werten auf.

den Logen". Hier wird festgelegt: „Die als Mitglieder einer Loge aufgenommenen Personen müssen gute und aufrichtige Männer sein, von freier Geburt, in reifem und gesetzten Alter". Damit werden Leibeigene und Frauen von der Mitgliedschaft in einer Loge genauso ausgeschlossen wie „sittenlose oder übel beleumdete Menschen. Jeder Freimaurer müsse einer Loge angehören und gemäß deren Satzung handeln.

Die Regeln des Aufstiegs

„Von Meistern, Aufsehern, Gesellen und Lehrlingen" heißt das vierte Hauptstück des Konstitutionsbuches. Hier wird die damals mehrgliedrige Rangordnung innerhalb der Logen festgesetzt: Lehrlinge können zu Gesellen, Gesellen zu Aufsehern, Aufseher zu Meistern, Meister zu Großaufsehern, Großaufseher zu Großmeistern aufsteigen, wobei keine Stufe übersprungen werden darf. Dabei soll für das Erreichen der nächsthöheren Stufe nicht das Alter, sondern allein die Verdienste des Einzelnen für die Loge ausschlaggebend sein. Der fünfte Hauptpunkt beschäftigt sich mit der „Regierung der Zunft bei der Arbeit". Er regelt den Umgang der „Werksleute" untereinander und ihr Verhältnis zum Bauherrn und den Landesgesetzen.

Die Tugenden Rechtschaffenheit, Höflichkeit und Treue stehen dabei im Mittelpunkt. Der abschließende Passus „Vom Betragen" nennt schließlich die wichtigsten Umgangsformen der Logenbrüder untereinander, aber auch gegenüber Mitgliedern anderer Logen und Nichtmaurern.

Die Titelseite der amerikanischen Erstausgabe der „Konstitutionen" zeigt den ersten englischen Großmeister, den Herzog von Montagu, wie er im Jahr 1723 die „Alten Pflichten" seinem Nachfolger, dem Herzog von Wharton, übergibt.

Religion und Glauben

Die Freimaurerei ist keine Religion. Trotz ihrer christlichen Tradition hat sie sich gegenüber anderen Glaubensrichtungen immer weiter geöffnet.

In der Kunst der Freimaurer spielen religiöse Motive eine wichtige Rolle. Figuren aus den Weltreligionen, zumeist aus dem christlichen Glauben, finden sich Seite an Seite mit Motiven aus der freimaurerischen Symbolik.

Religiosität als Prinzip

Die Freimaurerei will nicht mit bestehenden Religionsgemeinschaften in Wettstreit treten. Sie schließt in der Regel niemanden wegen seiner Konfession und seines Glaubens aus, betont allerdings die Notwendigkeit des Glaubens an „ein höheres Wesen". Dieses wird in der freimaurerischen Philosophie als der „Große Baumeister aller Welten" bezeichnet. „Engstirnige Gottesleugner" werden hingegen abgelehnt. In dem 1819 erschienenen neuen Konstitutionsbuch der Vereinigten Großloge von England heißt es dazu: „Möge eines Menschen Religion oder Weise der Gottesverehrung sein, welche sie wolle, er wird nicht vom Orden ausgeschlossen, vorausgesetzt, dass er an den erhabenen Baumeister des Himmels und der Erde glaubt und die geheiligten Pflichten der Sittlichkeit übt".

Brücke zwischen den Weltreligionen

Über die Herausstreichung positiver Werte wie Freundschaft, Humanität oder Toleranz bemüht sich die Freimaurerei, eine Brücke zwischen den Religionen zu schlagen, die Wertesysteme verschiedener Glaubensrichtungen auf dem kleinsten gemeinsamen Nenner miteinander zu verbinden. Den großen Weltreligionen, die sie als dogmatisch und gegeneinander unversöhnlich empfindet, setzt die Freimaurerei ein offenes System der Religiosität und der Bruderliebe entgegen.

Allerdings wurden diese Prinzipien immer wieder in Frage gestellt. So standen die meisten deutschen Logen im 18. Jh. auf dem Standpunkt, dass nur Christen Logenbrüder werden könnten, eine Haltung, die heute noch immer in einigen deutschen und skandinavischen Logen verbreitet ist. Die meisten Freimaurerlogen nehmen aber Menschen jeder Konfession auf – egal ob sie Muslime, Buddhisten, Christen oder Juden sind.

Keine Pflicht zum Glauben

Eine ganz andere Entwicklung nahm die französische Freimaurerei. Dort wurde 1877 in der Großloge „Grand Orient" die Wendung vom „Großen Baumeister aller Welten" aus den Bekenntnissätzen gestrichen. Der Grand Orient begründete diesen Schritt damit, dass die unbedingte Gewissensfreiheit der Freimaurer betont werden müsse. Deshalb sei es unmöglich, den Brüder den Glauben an einen Gott vorzuschreiben. Die Streichung der Formel vom Baumeister aller Welten löste zwischen der englischen und französischen Freimaurerei heftige Kontroversen aus. Die englische Großloge brach die Beziehungen zum Grand Orient ab und versagte ihm die Anerkennung.

Freimaurer und Juden

Unter Berufung auf ihre christliche Tradition lehnten es die Logen in Deutschland und vielen anderen Ländern lange Zeit ab, Juden als Brüder zu akzeptieren.

Die 1783 gegründete und von keiner Großloge anerkannte „Loge zum flammenden Stern" war die erste deutsche Bruderschaft, die auch Juden aufnahm – allerdings nur für sehr kurze Zeit: Als Herzog Ferdinand von Braunschweig die Loge unter der Bedingung anerkennen wollte, dass die jüdischen Brüder aus ihr ausscheiden, mussten diese wieder austreten.

Erst als Deutsche jüdischen Glaubens in Frankreich in den Freimaurerbund aufgenommen wurden und schließlich gemeinsam mit deutschen Freimaurern in der Stadt Frankfurt am Main eine Loge gründeten, begann die Abwehrfront innerhalb der Freimaurer gegen das Judentum zu bröckeln. Die Anfang des 19. Jh. ins Leben gerufene „Loge zur aufgehenden Morgenröte" wurde allerdings von keiner Großloge anerkannt. Dass in ihr geachtete jüdische Persönlichkeiten wie die Schriftsteller Berthold Auerbach (1812–1882) und Ludwig Börne (1786–1837) aktiv waren, führte jedoch dazu, dass die Freimaurerei jüdische Mitglieder zunehmend tolerierte.

Mitte des 19. Jh. erklärte sich schließlich die „Große Loge von Hamburg" bereit, Juden aufzunehmen. Andere Großlogen wie etwa „Der eklektische Bund" brauchten noch viele weitere Jahre, bis sie bereit waren, „freie und redliche Männer" jüdischen Glaubens mit ihrem Logenausweis zu versehen.

Der deutsche Romanschriftsteller Berthold Auerbach (1812–1882) war einer der ersten prominenten Juden, der in einer jüdischen Freimaurerloge aufgenommen wurde.

Esoterik und Alchemie

Neben dem Wertesystem spielen in der Freimaurerei esoterische Vorstellungen eine grundlegende Rolle. Zahlreiche mystische Rituale prägen die feierlichen Zeremonien der Logen. Sie sollen den Brüdern auf dem Weg zu ihrer Selbstvervollkommnung spirituelle Erlebnisse bescheren, die der Verstand niemals allein begreifen kann.

Die Suche nach der verborgenen Erkenntnis

In der Freimaurerei spielt neben der maurerischen Tradition und einer humanitär-religiös ausgerichteten Ethik vor allem die Esoterik eine wichtige Rolle.

Das Wort kommt aus dem Griechischen und bedeutet sinngemäß „nach innen gerichtet". Unter Esoterik fasst man die Riten, Gebräuche und Symbole von Eingeweihten zusammen, die Außenstehenden unbekannt sind. In der Freimaurerei versteht man unter Esoterik vor allem die Suche nach der verborgenen Erkenntnis, die allein über den Verstand nicht zu erlangen sei. Dabei geht es der Bruderschaft nicht um die Vermittlung „geheimen Wissens", sondern allein um Selbsterkenntnis und -entwicklung. Esoterik im Sinn einer Geheimlehre ist der Freimaurerei wesensfremd.

Die Riten der Initiation

Vor allem die zahlreichen mystischen Riten der „Initiation" (Einweihung), die jeder Bruder durchlaufen muss, wenn er einen höheren freimaurerischen Grad erlangen will, gehören zum esoterischen Kern der Logenarbeit. Auf der Suche nach der Erkenntnis begibt sich der Suchende auf eine mystische Reise.

Nach innen gerichtet, in sich hineingehört: Die Suche nach der verborgenen Erkenntnis beginnt für die Freimaurer im eigenen Ich.

Hermetik und Alchemie
Ein Großteil dessen, was an freimaurerischer Esoterik bekannt ist, geht auf die Traditionen der Hermetik und der Alchemie zurück. Hermetik ist eine auf den ägyptischen Weisheitsgott Thot zurückgeführte Tradition geheimen Wissens, die spirituell Suchenden helfen soll, zu einer umfassenden und vertieften Erkenntnis zu gelangen. Die zentralen hermetischen Schriften setzen sich vor allem mit den philosophischen Schulen der griechischen Antike auseinander. Zu den wichtigsten Disziplinen der Hermetik gehört die Alchemie, aus der sich später die heutige Chemie entwickelte. Sie ist die Kunst der Umwandlung und Veredlung von Stoffen und zugleich – im übertragenen Sinne – die Lehre von der Veredlung des Menschen. Das Ziel ist volle spirituelle Reife und Erkenntnis, das Symbol dafür der „Stein der Weisen". Diese alchemistische Tradition findet in der Freimaurerei im Streben nach Selbstvervollkommnung und in dem dafür gewählten Sinnbild der Arbeit am „rauen Stein" ihren unmittelbaren Niederschlag.

Bereits der Eintritt eines „Profanen" in die Loge ist mit solchen Initiationsriten verbunden, die sich durch einen starken Symbolgehalt auszeichnen. Viele der Riten und Symbole sind dabei von den Mysterienkulten der Antike, den mittelalterlichen Geheimorden und den Traditionen der Bauhütten übernommen worden.

Erlebnisse, für die es keine Worte gibt

Die seelischen Erlebnisse des Menschen, sein Streben nach Selbstvervollkommnung, aber auch seine Stellung im Universum des Großen Baumeisters und sein Platz in der freimaurerischen Traditionskette gehören zu den Bereichen, für die die Bruderschaft esoterische Zugänge anbietet. Genau diese Riten sind es, die den Freimaurern spirituelle und emotionale Erlebnisse bescheren, die weder erklärbar noch rein verstandesmäßig nachvollziehbar sind.

Ein freimaurerischer Meister hat dies einmal so ausgedrückt: „Ich wusste ja vorher ganz genau, wie alles geht. Aber als ich dann im Kreis der Brüder stand und mir die Binde von den Augen genommen wurde, da war ich im Herzen gepackt. Was ich in diesem Moment gefühlt habe, kann ich auch selbst nicht in Worte fassen."

Initiationsritus zur Erlangung des Meistergrades: Der Geselle muss zahlreiche ritualisierte Prüfungen bestehen, bevor er den höchsten Johannisgrad erhält.

Rituale und Zeremonien

Rituale stehen im Mittelpunkt der freimaurerischen Zusammenkünfte. Sie sollen das Bewusstsein des Einzuweihenden erweitern und den Zusammenhalt der Loge stärken.

Die Methode der Initiation

Die Rituale haben in der Freimaurerei eine besondere Bedeutung. In ihrem Mittelpunkt steht die „Initiation" (Einweihung). Durch eine sinnbildliche Handlung wird der Uneingeweihte in die Loge aufgenommen, der Bruder in den nächsthöheren Grad eingeweiht. Das soll nicht allein durch Worte und ihre verstandesmäßige Verarbeitung geschehen. Die Grundidee der so genannten initiatorischen Methode ist es, die Gefühlswelt des teilnehmenden Bruders mit der maurerischen Symbolik in eine intensive Wechselwirkung zu bringen.

Ziel ist die „innere Erneuerung"

Rituale sind im freimaurerischen Verständnis dramatisch inszenierte Abfolgen feststehender gleichnishafter Handlungen. Ihr zentrales Thema ist die persönliche Auseinandersetzung mit drei existenziellen Themen. Sie lauten: „Wer bin ich?", „Der Einzelne in seiner Umwelt" und „Den eigenen Tod bestehen". Jedes Ritual verfügt dabei über einen klar gegliederten Aufbau. Der Einstimmung des Teilnehmers folgt die Installierung eines symbolischen Raumes, in dem sich das Geschehen vollzieht. Danach erlebt der teilnehmende Bruder den „initiatorischen" Zentralteil, bevor die Zeremonie durch die

Der Siegelring der Freimaurer gehört zu den zahlreichen Utensilien, mit denen sich die Mitglieder der Bruderschaft schmücken und an denen sie sich gegenseitig erkennen können.

Auflösung des symbolischen Raumes und den Abschluss zu Ende geführt wird. Ziel ist die „innere Erneuerung" des Bruders und die Erweiterung seines Bewusstseins. Dazu muss er bereit sein, die vorgegebenen Handlungen auf sich wirken zu lassen und in ihnen ganz aufzugehen.

Rituale vertiefen die Brüderlichkeit

Die Rituale haben auch den Zweck, den Zusammenhalt der Freimaurer zu stärken. Die Brüderlichkeit untereinander soll durch solche gemeinsamen spirituellen Erlebnisse vertieft werden. Es gibt in der Freimaurerei zentrale feststehende Rituale, die den Tochterlogen von den einzelnen Großlogen vorgeschrieben sind. Je nach maurerischer Lehrart werden sie in den einzelnen Logen leicht abgewandelt und durch eigene, besondere Rituale ergänzt. Die meisten dieser mystischen Zeremonien stammen aus der Tradition der Bauhütten oder gehen auf antike Mysterien zurück.

Die „dunkle Kammer"

Die Aufnahme eines neuen Bruders erfolgt bei den Freimaurern in einer feierlich-rituellen Form. Bei seiner Einweihung wird der in weiße Gewänder gehüllte „Suchende" mit verbundenen Augen zuerst in einen verdunkelten Raum geführt, der nur durch das Flackern einer Kerze erhellt wird. Er befindet sich nun allein in der „dunklen Kammer", die auch als „Kammer der verlorenen Schritte" oder „Kammer des stillen Nachdenkens" bezeichnet wird. Nachdem er die Binde abgenommen hat, sieht er in dem Raum verschiedene Symbole der Vergänglichkeit, etwa einen Totenkopf und eine Sanduhr. Diese Sinnbilder sollen ihm die Endlichkeit seiner Existenz, das Ende seines Lebens als „Uneingeweihter" und die Aussicht auf eine spirituelle Wiedergeburt als Freimaurer vor Augen führen. In der Kammer hat der Suchende nun die Gelegenheit, seinen Entschluss, Freimaurer zu werden, ein letztes Mal zu überdenken. Beharrt er auf seiner Absicht, muss er in der Abgeschiedenheit des verdunkelten Raums Fragen zu seinem Verständnis der Freimaurerei beantworten. Danach wird er abgeholt und mit verbundenen Augen zu einer weiteren Prüfungszeremonie geführt, die in engem Bezug zu den Elementen Erde, Feuer, Luft und Wasser steht. Schließlich wird ihm die Binde abgenommen – aus der Dunkelheit der Kammer tritt der neue Bruder symbolisch in das „Licht" einer neuen Lebenserfahrung.

Zeichen und Symbole

Mit ihren verschiedenen Funktionen spielen die Symbole in der Welt der Freimaurer eine entscheidende Rolle. Sie sind das wichtigste Ausdrucksmittel im Ritual, aber auch Werkzeuge zur praktischen Lebenshilfe und Brücke zum Irrationalen. Zudem verbinden sie die Logen in allen Ländern der Erde.

Allgegenwart der Symbole

Dem griechischen Wort *symbolon* kommt das deutsche Wort „Sinnbild" am nächsten, wenn darunter eine bildlich dargestellte Idee verstanden wird. Das Symbol ist also nicht Abbild eines konkreten Gegenstandes, sondern die bildliche Darstellung eines abstrakten Gedankens oder Wertes.

Die Interpretation der Symbole ist Sache des einzelnen Freimaurers; es besteht keine Vorschrift, die einem Symbol eine eindeutige und begrenzte Bedeutung zuordnet. Allerdings gibt es innerhalb der Bruderschaft ein gemeinsames Verständnis vieler Symbole.

Die Symbolik der Werkzeuge

Hammer: Symbol der Kraft und Ausdauer, Macht und Stärke und auch symbolisches Werkzeug der Bearbeitung des rauen Steins.
Kelle: Symbol des Gesellengrads und des „behauenen Steins". Mithilfe der Kelle wird der einzelne Baustein fest mit dem anderen verbunden.
Reißbrett: Symbol für die Arbeit des Meistergrades. In der Regel wird es mit einem Doppelkreuz und einem darunter liegenden Andreaskreuz verziert.
Schurz: Symbol der Unschuld und Keuschheit, aber auch ein Sinnbild für die Arbeit und den Schutz vor Verletzungen.
Senkblei: Lotet die Tiefe des Gewissens aus. Es versinnbildlicht Geradheit und Wahrhaftigkeit.
Winkel: Steht für die materielle Welt, aber auch für gerechtes Denken und Handeln.
Winkelmaß: Symbol der Gewissenhaftigkeit. Seine beiden Schenkel stehen für Recht und Pflicht.
Wasser- und Winkelwaage: Symbolisieren die Gleichheit aller Menschen und die Unterordnung von Vorrechten unter das reine Menschentum.
Zirkel: Versinnbildlicht die allumfassende Menschenliebe sowie die Toleranz und Offenheit der Freimaurer. Der Zirkel steht gleichzeitig – als Gegenpol und Ergänzung zum Winkel – für das Geistige oder Spirituelle.

Zeichen und Symbole spielen für die Freimaurer eine wichtige Rolle. Jedes Utensil hat dabei eine Bedeutung, die aber nicht eindeutig festgelegt ist.

Zirkel und Winkel sind nicht nur die wichtigsten Symbole der Bruderschaft, sie versinnbildlichen gemeinsam auch die Freimaurerei an sich. Der Zirkel steht dabei für Spiritualität, der Winkel für die materielle Welt.

Die traditionelle Kluft der Freimaurer, bestehend aus Schärpe, Schurz, weißen Handschuhen und anderen Bekleidungsstücken wird von den Brüdern bei allen wichtigen Zeremonien angelegt.

Der Teppich

In der Mitte des „Tempel" genannten freimaurerischen Arbeitsraums befindet sich ein rechteckiger Teppich oder eine Tafel, die auch Arbeitsteppich und Arbeitstafel genannt werden.

Auf diesem wichtigen Requisit werden verschiedene Symbole dargestellt, die zu den Einweihungsriten der verschiedenen Freimaurer-Grade gehören. Der Arbeitsteppich hat sich aus Kreidezeichnungen entwickelt, die in den Anfängen der Freimaurerei vor Beginn einer Versammlung auf den Boden gemalt und später wieder weggewischt wurden. Das Hauptmotiv des Teppichs ist der von zwei Säulen umgebene Salomonische Tempel, zu dessen Eingang mehrere Stufen führen.

Umgeben wird der Tempelbau von zahlreichen Hauptsymbolen der Bruderschaft, darunter Winkel und Zirkel, Hammer und Nagel, Mond und Sonne. Symbolisch schreitet der „Suchende" über die Stufen zum Tempel.

Das Winkelmaß etwa kann für alle Freimaurer nur eines bedeuten: Rechtschaffenheit. Die magische Zahl Drei ordnet die Symbole: Der noch raue Stein, der behauene Stein und das Reißbrett sind die drei „unbeweglichen Kleinodien", während Winkelmaß, Wasserwaage und Lot die „beweglichen Kleinodien" bilden.

Die „drei großen Lichter" der Freimaurerei bestehen aus der Bibel (oder einer anderen heiligen Schrift), dem Winkelmaß und dem Zirkel. Die „drei kleinen Lichter" werden gebildet von Sonne, Mond und dem Logenvorsitzenden, dem „Meister vom Stuhl". Die beiden Gestirne gelten dabei als Inkarnation der schöpferischen Urkräfte, der Stuhlmeister als „Sohn", der aus der „Loge" heraus das geistige Licht ausstrahlt.

Diese und viele andere Symbole, auch Farben und Zahlen, sind in der Freimaurerei allgegenwärtig: Sie beherrschen die Bräuche der Maurer, sie schmücken die so genannten „Arbeitstafeln" der drei verschiedenen Grade, und sie tauchen in den Wappen und Siegeln der Logen auf. Sie sind präsent in freimaurerischen Gemälden und zieren die „Bijou" genannten Orden, die die Kluft der Freimaurer schmücken.

Die Symbolik der Farben und Zahlen

Nicht nur die Werkzeuge des Maurers und des Architekten, auch geometrische Formen, die Gestirne, Blumen sowie Farben und Zahlen sind in der Freimaurerei wichtige Symbole.

Die Zahl der göttlichen Welt

Nach Überzeugung der Freimaurer haben die Zahlen symbolische Bedeutungen. So symbolisiert die Drei die esoterische und göttliche Welt, aber auch das Männliche und das Vollkommene. Die Vier steht für die materielle Welt. Die Fünf, zusammengesetzt aus Drei und der für das weibliche Element stehenden Zwei ist die Zahl der Vereinigung. Fünf Blätter hat die Rose, fünf Finger die Hand und fünf Sinne der Mensch. Die Sieben ist die Zahl mystisch-magischer Bedeutung, sieben Tage hat die Woche und sieben Farben der Regenbogen. Die Neun ist die Potenz von drei, verstärkt also die heilige Zahl; neun Teile hat der Salomonische Tempel, Neun ist die Meisterzahl, und eine Mutter trägt ihr Kind neun Monate.

Farben der Reinheit und der Magie

Farben besitzen ebenfalls einen sinnbildlichen Gehalt: Blau ist die Farbe der Treue, der Freundschaft und des Universums. Gold ist das Sinnbild der Vollkommenheit, der Offenbarung, der Sonne und des strahlenden Lichts, aber auch der Beständigkeit und Macht. Grün ist die Farbe der Hoffnung und Barmherzigkeit. Sie steht für neues Leben. Eine magische Farbe ist Violett, es ist die Farbe der Demut, der Buße und der Besinnung. Rot symbolisiert die Liebe, Schwarz die Trauer. Silber ist das Sinnbild der Nacht und Kühle, aber auch des wechselnden und gebärenden Lebens. Es ist die Farbe der Weiblichkeit und des Mondes. Weiß gilt als Symbol der Reinheit und Weisheit.

Der „Tempel" einer Freimaurerloge ist der zentrale Versammlungsraum. In ihm sind die wichtigsten Symbolen der Bruderschaft nach feststehenden Regeln angeordnet.

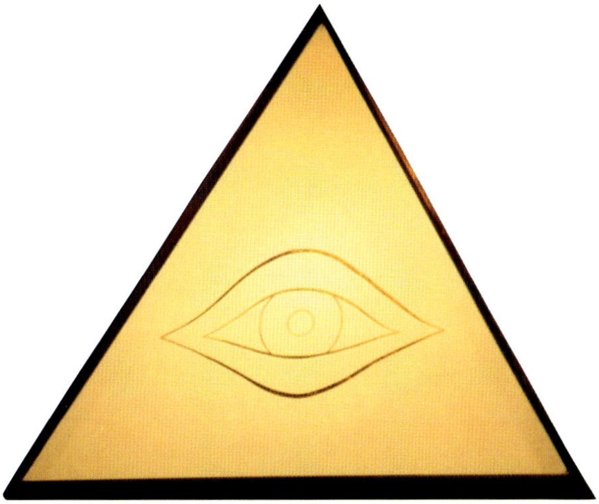

Das allsehende Auge inmitten eines Dreiecks oder über einer Pyramide schwebend ist ein Sinnbild für das göttliche Element, den „Großen Baumeister aller Welten".

Die Symbole der Bruderschaft kennzeichnen auch die freimaurerische Literatur, die weltweit in einem breiten Sortiment angeboten wird.

Freimaurerische Symbole von A–Z

Allsehendes Auge: Das Auge in einem von einem Strahlenkranz umgebenen Dreieck ist ein Symbol für den „Großen Baumeister aller Welten".
Behauener Stein: Entspricht dem Gesellengrad und steht für die Stufe der Selbstbeherrschung.
Dreieck: Symbolisiert die Vorstellung, dass durch die Wissenschaft der Zahlen alle Geheimnisse des Universums offenbart werden können. Damit entspricht das Symbol dem Meistergrad und verweist auf die Stufe der Selbstveredlung.
Flammender Stern: Das höchste Symbol der Transzendenz. Er ist für den Maurer das Licht, das ihm auch in tiefster Finsternis seinen Weg erhellt.
G: Im Mittelpunkt des Flammenden Sterns befindet sich zumeist der Buchstabe G, der viele Möglichkeiten der Deutung zulässt: Geometrie, Geburt, Gesetz, „Großer Baumeister aller Welten", Gott und Geheimnis. Im Gesellengrad erfahren die Freimaurer den Sinn des Symbols.
Handschuhe: Die Handschuhe sind als symbolischer Bestandteil der freimaurerischen Bekleidung ein Zeichen dafür, dass die Hände eines Bruders bei der maurerischen Arbeit rein zu bleiben haben.
Kette: Die so genannte Bruderkette, die symbolisch den Erdball umspannt, ist Ausdruck einer internationalen, brüderlichen Verbundenheit.
Licht: Jeder Freimaurer ist ein „Lichtsucher", der noch nicht Eingeweihte ein im Dunkeln wandelnder Mensch. Das Licht ist damit das Symbol der Initiation.
Musivischer Boden: Ein aus weißen und schwarzen Quadraten zusammengesetztes Feld, welches symbolisiert, dass alle Gegensätze in der Einheit aufgehoben werden. Der Tempel in Jerusalem soll mit einem solcher Mosaikboden ausgestattet gewesen sein (lat. *musivum*, Mosaik).
Pentagramm: Der fünfzackige Stern gilt als Dämonen bannendes Zeichen. Genauso wie sein sechszackiger Bruder, das Hexagramm, taucht er in der Freimaurerei hauptsächlich als Flammender Stern auf.
Säulen: Die beiden Säulen, die den Eingangsbereich des Versammlungsraums der Logen schmücken, verweisen auf Jachin und Boas, die Säulen des Salomonischen Tempels. Sie drücken Gerechtigkeit und Wohlwollen und damit die Grundpfeiler der Humanität aus.
Sonne und Mond: Gelten als Zeichen für Gottes Macht, Ewigkeit, Allgegenwart und Güte.
Rauer Stein: Ist das Symbol der Unvollkommenheit und damit des Lehrlings. Er kennzeichnet die Stufe der Selbsterkenntnis.
Rose: Die drei Rosen, die die Freimaurer ihren Verstorbenen auch mit ins Grab legen, stehen für Liebe, Treue und Dankbarkeit oder auch für Liebe, Licht und Leben.
Tempel: Symbol für das höchste und heiligste Bauwerk: Es steht für den Weg zur Selbstvervollkommnung („innerer Tempel") genauso wie für das Idealbild einer friedvoll zusammenlebenden Menschheit („Tempel der Humanität").

Die geschlossene Gesellschaft

Die Abschottung und Verschwiegenheit der Freimaurer gegenüber der Öffentlichkeit hat oft zu Misstrauen gegenüber den Logen geführt. Dabei sind die Regeln und Rituale der Bruderschaft weit gehend bekannt; doch ihre „Geheimnisse" sind für Außenstehende nicht nachvollziehbar.

Gelöbnis zur Verschwiegenheit

Die Freimaurer verstehen sich nicht als Geheimbund, sondern als „geschlossene Gesellschaft". Alle neu aufgenommenen Brüder verpflichten sich bei Eintritt in die Loge, „Verschwiegenheit zu bewahren über die Gebräuche und inneren Angelegenheiten der Maurerei und mit niemandem darüber zu sprechen". Dieses Gelöbnis, auch „Arkandisziplin" genannt, hat über die Jahrhunderte immer wieder dazu beigetragen, dass der Bruderschaft geheime Absichten und Ziele unterstellt wurden, bis hin zur weltweiten Verschwörung. Auf der anderen Seite sind die Strukturen, Regeln und Rituale der Freimaurerei bekannt. Verschwiegen werden nur die vereinbarten Erkennungszeichen der Brüder und die Details der Rituale. Trotzdem ist immer wieder vom „Geheimnis" der Freimaurer die Rede.

Die Türen geschlossen, die Fensterläden verdunkelt. Die Tempelarbeit der Freimaurer spielt sich hinter verschlossenen Türen ab. Geheimhaltung ist dabei das oberste Gebot.

Das Geheimnis der Rituale

Es gibt keine Anhaltspunkte dafür, dass die Freimaurerei geheime Führer hat, über geheime Kenntnisse und Zauberformeln verfügt oder geheime Ziele verfolgt. Sie hält auch nichts zum Nachteil anderer geheim. Ihr Geheimnis besteht auch nicht in irgendwelchen schauerlichen Ritualen, schwarzen Messen oder Blutopfern, die ihr immer wieder angedichtet wurden. Das Geheimnis der Freimaurerei besteht in einem nur dem Eingeweihten zugänglichen Wissen, das sich im Wesentlichen hinter Symbolen und Ritualen verbirgt. Es liegt im Wesen mystischer Rituale begründet, dass sie sprachlich kaum vermittelt werden können. Der hohe symbolische Gehalt dieser Handlungen wie auch die seelischen Erfahrungen, die der Einzelne während des Rituals sammelt, sind für Außenstehende kaum nachvollziehbar. Selbst jemand, der um alle möglichen Bedeutungen der Symbole weiß und den genauen Ablauf der freimaurerischen Rituale kennt, erfährt nicht mehr als die Spielregeln. Das Ritual aber ist eine spirituelle Handlung, die nur derjenige ganz und gar begreift, der sie erlebt und innerlich nachvollzieht.

Verschwiegenheit schafft Vertrauen

Es gibt weitere Gründe für die Arkandisziplin der Freimaurer: Die Verschwiegenheit stellt die wichtigste Voraussetzung für das Vertrauen unter den Brüdern dar.

Allein die jährlichen Welttreffen der Freimaurer und einige ausgewählte Veranstaltungen der Logen sind öffentlich. Nur in wenigen Ländern beteiligen sich die Freimaurer als Gruppe aktiv am gesellschaftlichen Leben.

Johann Wolfgang von Goethe (1749–1832), selbst aktiver Freimaurer, hat es in seinem Logen-Gedicht „Verschwiegenheit" so formuliert: „Niemand soll und wird es schauen, / was einander wir vertraut; / denn auf Schweigen und Vertrauen / ist der Tempel aufgebaut!" Nur derjenige kann Intimes über sich preisgeben, der nicht fürchten muss, dass morgen schon sein Nachbar davon erfahren hat.

Dass Nichtmaurer keinen Zutritt zu den Versammlungen der Maurer haben, hat noch einen weiteren Grund: Die rituelle Arbeit in der Gruppe kann nur gelingen, wenn sie nicht von „Profanen" gestört wird, die das Wesen der Handlungen nicht verstehen und ihre Wirkung deshalb auch nicht erfahren können. Da ihre Rituale für Nichteingeweihte manchmal seltsam anmuten, will sich die Bruderschaft durch ihre Abgeschottetheit dem Hohn und Spott durch Außenstehende entziehen.

Die Erklärung der Großloge

Zum Vorwurf, die Freimaurer seien ein Geheimbund, erklärten die Vereinigten Großlogen von Deutschland im Juni 1980: „Der Bürger will mit Recht wissen, wer Einfluss auf die Gestaltung von Staat und Gesellschaft nimmt und welche Absichten dabei im Spiele sind. Echte Geheimgesellschaften tarnen alles, was auf ihre Existenz hinweisen könnte: ihre Ziele, ihre Organisationsform, ihre Mitgliedschaft und ihre Zusammenkünfte. Ganz anders die Freimaurerlogen: Sie sind bürgerlich-rechtlich organisiert, ihre Satzungen sind beim Vereinsregister ebenso einsehbar wie ihr organisatorischer Aufbau und die Besetzung ihrer Ämter; ihre Häuser sind Stätten der Begegnung".

Die Organisation der Freimaurer

Im Londoner Logenregister wurden seit dem 18. Jh. all jene Logen erfasst, die die englische Muttergroßloge als regulär anerkannte.

Die Loge

Die Organisationsstruktur der Freimaurerei kennt eine klare Rangordnung: Die Einzelloge steht unter der Provinzialloge, die ihrerseits der Großloge und deren Großmeister unterstellt ist. In der einzelnen Loge steht der „Meister von Stuhl" über den Meistern, Gesellen und Lehrlingen der Bruderschaft.

Großlogen und Einzellogen

Die Freimaurerei ist in Logen und Großogen organisiert. Loge (engl. *lodge*, frz. *loge*) bedeutet Hütte oder Laube. In der Freimaurerei bezeichnet der Begriff dreierlei: die Bruderschaft selbst, ihren zentralen Versammlungsraum, auch Logentempel genannt, und schließlich ihre rituellen Tätigkeiten. Manche Bruderschaften bezeichnen sich auch heute noch als Bauhütten, um die Erinnerung an die mittelalterlichen Ursprünge der organisierten Freimaurerei lebendig zu halten. Logen, die die ursprüngliche Unterteilung in die drei Lehrstufen (Grade) Lehrling – Meister – Geselle beibehalten haben, werden Johannislogen oder blaue Logen genannt.

Daneben existieren noch die so genannten roten Logen, die über wesentlich mehr Lehrstufen, die „Hochgrade" verfügen. Die meisten Logen sind heute als Vereine organisiert und ins Vereinsregister eingetragen. Die Zahl der Freimaurerlogen wird weltweit auf etwa 40 000 bis 45 000 geschätzt. Da es keine maurerische Weltorganisation gibt, sind genauere Zahlen unbekannt. Um eine Loge zu gründen, bedarf es der Mindestzahl von neun

Männern, wobei sieben von ihnen den Meistergrad besitzen müssen. Eine Loge kann nur dann aktiv werden, wenn mindestens sieben Personen, darunter drei Meister, anwesend sind.

Das System der Logen

Jede Einzelloge untersteht einer Großloge. Diese vertreten die ihnen angeschlossenen Einzellogen in der Öffentlichkeit, überwachen deren Arbeit und die Einhaltung maurerischer Grundsätze und können sie im Konfliktfall auch auflösen. Sie geben den Einzellogen aber auch Anregungen für gemeinnützige und kulturelle Aktivitäten und halten darüber hinaus den Kontakt zu anderen Großlogen im In- und Ausland. Logen können auf Antrag Mitglieder einer Großloge werden. Dies geschieht durch „Lichteinbringung", die dem jeweiligen Großmeister der Großloge vorbehalten ist und anschließende Eintragung in deren Mitgliederliste. Durch diesen Eintrag wird eine Loge zur „regulären" Loge. Das Bindeglied zwischen Groß- und Einzellogen sind die Distrikts- oder Provinziallogen, deren Vorstände direkt von den einzelnen im Distrikt ansässigen Bruderschaften gewählt werden. Daneben existieren noch so genannte Forschungslogen. Sie setzen sich mit der Vergangenheit und Gegenwart der Freimaurerei wissenschaftlich auseinander. Die älteste dieser Forschungslogen wurde 1844 in London gegründet.

Die Arbeit der Logen

Die meisten Logen treffen sich einmal wöchentlich. Jede Loge ist gegenüber der Großloge, der sie angehört, verpflichtet, eine bestimmte Zahl ritueller Arbeiten durchzuführen, in deren Rahmen Neulinge als Lehrlinge in die Loge aufgenommen werden und Brüder den nächsthöheren Freimaurergrad erwerben können. An diese „Tempelarbeiten" schließen sich meist gemeinsame Essen aller Teilnehmer an der „weißen Tafel" an. Die Logen veranstalten neben ihren rituellen Versammlungen in aller Regel auch Vortragsabende, Diskussionstreffen und Wohlfahrtsbälle.

Der „Meister vom Stuhl"
Jede Loge ist streng hierarchisch aufgebaut. Um sich eine Führung zu geben, wählen die Logenmitglieder für eine vorgeschriebene Zeit ihren „Beamtenrat". An seiner Spitze steht der „Meister vom Stuhl". Er muss die freimaurerischen Rituale perfekt beherrschen und von seiner Lebensführung her geeignet sein, allen Brüdern als Vorbild zu dienen. Unterstützt wird der Meister von weiteren „Beamten": zwei Aufsehern, dem vorbereitenden Meister, dem Redner, dem Sekretär und dem Schatzmeister. Mitunter gehören auch ein Zeremonienmeister, ein so genannter „Schaffner", und ein Bibliothekar zum erweiterten Vorstand der Loge. Jedem von ihnen fallen dabei ganz spezielle Aufgaben zu.

Der „Meister vom Stuhl" steht an der Spitze der Hierachie jeder Loge. Seine Lebensführung muss dazu angetan sein, allen Brüdern als leuchtendes Vorbild zu dienen.

Das internationale System der Logen

In der Freimaurerei gibt es oberhalb der nationalen Großlogen keine übergeordnete internationale Führung. Alle Logen arbeiten weit gehend autonom. Die wesentlichen Unterschiede zwischen ihnen liegen in der Frage des Glaubens an ein höheres Wesen und der Zahl der maurerischen Lehrgrade. Dabei gibt es neben der „regulären“ Maurerei auch „irreguläre“ Bruderschaften, die von der englischen Mutterloge (s. u.) nicht anerkannt werden.

Die Londoner „Freemason's Hall" gehört zu den geschichtsträchtigsten Orten der internationalen Freimaurerei: Hier fand die Wiedervereinigung der bis dahin zerstritten beiden englischen Großlogen im Jahr 1813 statt.

Eine weltumspannende Bruderkette

Eine internationale Organisation oder Weltinstanz der Freimaurerei gibt es nicht. Die Großlogen und Logen sind in jedem Land eigenständig organisiert. In Deutschland existieren unter dem Dach der „Bruderschaft der deutschen Freimaurer“ gleich fünf Großlogen. Der Zusammenhalt zwischen den weit über hundert regulären Großlogen in aller Welt beruht auf den Grundprinzipien der Freimaurerei und vor allem auf ihren Ritualen und Symbolen. Die Großlogen erkennen sich gegenseitig an und ihre Mitglieder haben ein gegenseitiges Besuchsrecht. Auf diesen Pfeilern fußt die „weltumspannende Bruderkette“ der Freimaurer.

Ein religiöser Richtungsstreit

In der Geschichte der Freimaurerei hat es ungezählte Aufsplitterungen in besondere Bünde, Systeme und Gruppierungen gegeben. Doch nicht jede dieser Bruderschaften wird offiziell als Freimauervereinigung akzeptiert. Als „reguläre“ Großlogen gelten nur die Bruderschaften, die von der Großloge von England, der Mutterloge der Freimaurerei, offiziell anerkannt wird. Jede Loge benötigt dabei zu ihrer Gründung das Patent einer regulären Großloge.

Im Laufe ihrer Geschichte haben sich in Hinblick auf die Frage des Glaubens an einen göttlichen „Baumeister aller Welten“ im Wesentlichen drei große Richtungen der Freimaurerei herausgebildet. Während die meisten Logen auf ein Bekenntnis zum Glauben an ein höheres göttliches Wesen beharren, ein Bekenntnis, das aber so allgemein ist, dass es Anhänger aller Religionen akzeptiert,

Wappen spielen für die Handwerksvereinigungen seit jeher eine wichtige Rolle im Hinblick auf die Identifikation mit der eigenen Zunft. Diese Tradition haben auch die Freimaurerlogen übernommen.

Arthur William Patrick Albert (1850–1942), Sohn von Königin Victoria und Herzog von Connaught, war wie viele Mitglieder der englischen Königsfamilie Mitglied einer Freimaurerloge.

beharrt eine Minderheit der Logen auf die christliche Lehre. Nicht offiziell anerkannt und damit irregulär sind die Bruderschaften, welche auch Mitglieder aufnehmen, die frei von jedem Glauben an einen Gott sind. (s. S. 34). Je nachdem, ob die Logen einen eher christlichen oder einen stärker weltlichen Ansatz betonen, spricht man heute von „christlichen" und „humanitären" Logen.

Regulär und irregulär

Auch Logen, die Frauen aufnehmen oder gegen andere freimaurerische Prinzipien verstoßen, gelten als irregulär. Zu diesen Prinzipien, den so genannten „Landmarken", gehört beispielsweise auch das Prinzip der Geheimhaltung und die Verwendung von Symbolen. Diese Landmarken wurden im Laufe der Jahrhunderte immer wieder verändert.

So gelten die 1929 erstmals aufgelegten und zuletzt 1989 überarbeiteten „Basic Principles" heute als wichtigste Grundlage zur Unterscheidung von regulärer und irregulärer Freimaurerei.

Moderns und Antients

Bereits 1751, 34 Jahre nach der Gründung der Vereinigten Großloge, kam es zu einer ersten Spaltung der organisierten Freimaurerei. Unter Führung des Schriftstellers Laurence Dermott (1720–1791) spalteten sich die christlich orientierten „Antients" von der Vereinigten Großloge, den „Moderns", ab. Während die Moderns sich zudem stärker auf adelige Mitglieder stützte, stand bei den Antients das Bürgertum wesentlich stärker im Vordergrund. Bei den Antients bildete zudem ein zusätzlicher vierter Grad, der „Königliche Bogen" (Royal Arch), das Kernstück ihres Lehrgebäudes.
Obwohl sich die englischen Großlogen 1813 in einer großen Zeremonie in der Freemasons's Hall in London wiedervereinigten, ist das Royal-Arch-System auch heute noch in den USA und Frankreich weit verbreitet.

Die Grade

Der Lehrinhalt der Freimaurerei ist in so genannte Grade unterteilt. Von einem zum anderen Grad führt eine Einweihung, die Initiation.

Die blauen Grade

Die ursprüngliche Freimaurerei des 17. Jh. kannte nur zwei Grade: Den Lehrling und den Gesellen. Doch schon um 1730 bildete sich die dreistufige Grundlage der regulären Maurerei heraus, in der der Meistergrad in das System mit aufgenommen wurde. Diese rituelle Dreiteilung knüpft an klassische Bauhütten- und Handwerkstraditionen an: An der Spitze steht der mit der Führung und Planung des Projekts betraute Meister, für die ausführenden Arbeiten sind die Gesellen zuständig. Die Stufe des auszubildenden Nachwuchses wird durch den Lehrling symbolisiert. Diese drei maurerischen Grade, innerhalb derer der Bruder vom „rauen" zum „behauenen" Stein aufsteigen soll, enthalten den gesamten Lehrinhalt der Freimaurerei.

In Guthrie, im Bundesstaat Oklahoma, befindet sich der Freimaurertempel des Schottischen Ritus. Der Ritus mit seinen 33 Graden ist das bekannteste und wohl verbreitetste System der Hochgradmaurerei.

Für jeden Grad eine Initiation

Jeder neue Freimaurer tritt mit einer rituellen Initiation in den ersten Grad ein. Am Abschluss der Zeremonie leistet der Suchende vor dem Altar mit den drei „Großen Lichtern" – Heiliges Buch, Winkel und Zirkel – sein Gelöbnis. Er kniet dabei, die Augen verbunden. Sein rechter Fuß berührt den Winkel, die linke Hand führt den Zirkel zur Brust, während die Rechte auf dem Heiligen Buch ruht.

Mit der Aufnahme in den Gesellengrad schließt der Lehrling seine Lehrzeit ab. Die Initiationsrituale ähneln denen der Lehrlingsaufnahme: Der Lehrling muss mehrere Fragen beantworten, sich in die dunkle Kammer zurückziehen und tritt schließlich eine rituelle Reise an, in der er symbolisch mit mehreren Versuchungen konfrontiert wird. Die meisten Freimaurer verbleiben in der Regel jeweils mindestens ein Jahr im Rang des Lehrlings und des Gesellen.

Bei der Prüfung zum Meister muss der Geselle dann den Tod des Hiram rituell durchleiden (s. S. 12, Kasten), um durch ein Wort des Meisters zu neuem Leben erweckt zu werden. Zum Meister aufgestiegen, kann der Freimaurer nun auch offizielle Funktionen innerhalb der Loge übernehmen.

Die Hochgradmaurerei

Die drei Grade der Johannislogen enthalten die komplette Tradition der Freimaurerei. Trotzdem entwickelten sich daneben seit dem 18. Jh. die so genannten „Hochgradsysteme". Sie verstanden sich als „Hochschule der Maurerei" oder als „Weiterführung", „Vervollkommnung" und „Auslese".

Diese als „rote" Grade bezeichneten Lehrinhalte führen nicht grundsätzlich über die „blaue" Maurerei hinaus, sondern vertiefen die Lehren des Lehrlings-, Gesellen- und Meistergrads.

Die Zahl der Grade und ihre Bedeutung hängt vom jeweiligen Ritus ab. Man unterscheidet zwischen dem York-Ritus, dem Royal-Arch-Ritus, dem Französischen Ritus, dem Schwedischen Ritus und dem „Alten und Angenommenen Schottischen Ritus". Dieses um 1800 entstandene und bekannteste aller Hochgradsysteme, verfügt über 33 Grade. Viele von ihnen nehmen Traditionen des Templerordens auf.

Die drei Grade der klassischen „blauen Freimaurerei" leiten sich unmittelbar von der Hierachie ab, die seit alters her im Handwerk existiert. Lehrlinge, Meister und Gesellen gab es schon auf den ersten Großbaustellen dieser Erde.

Die 33 Grade des Alten und Angenommenen Schottischen Ritus (A.A.S.R.)

1. Lehrling 2. Geselle 3. Meister 4. Geheimer Meister 5. Vollkommener Meister 6. Geheimer Sekretär 7. Vorgesetzter und Richter 8. Intendant der Gebäude 9. Auserwählter Meister der Neun 10. Auserwählter Meister der Fünfzehn 11. Erhabener Auserwählter Ritter 12. Großmeister-Architekt 13. Meister des Neunten Bogens 14. Großer Auserwählter 15. Ritter des Degens 16. Prinz von Jerusalem 17. Ritter vom Osten und Westen 18. Ritter Rosenkreuzer 19. Groß-Pontifex 20. Großmeister aller Symbolischen Logen 21. Preußischer Ritter 22. Prinz von Libanon 23. Chef des Tabernakels 24. Prinz des Tabernakels 25. Ritter der ehernen Schlange 26. Prinz der Gnade 27. Ritter-Kommandeur des Tempels 28. Ritter der Sonne 29. Ritter des Heiligen Andreas von Schottland 30. Ritter Kadosh 31. Inquisitor-Meister 32. Ritter und Prinz des Königlichen Geheimnisses 33. Souveräner General-Großinspekteur

Der Meister weiht den Lehrling in die Kunst des Handwerks ein. Wie im Handwerksbetrieb sind auch in den Freimaurerlogen die Meister dafür verantwortlich, die Lehrlinge anzuleiten.

Die Hochgradsysteme

In der Geschichte der Freimaurerei hat es immer wieder Abspaltungen von der traditionellen Johannismaurerei gegeben, Gruppierungen, die oft großen Einfluss erzielten und viele Logen für ihr System gewannen. Die meisten dieser Abspaltungen sind Hochgradsysteme, die über bis zu 90 Grade verfügen.

Der Alte und Angenommene Schottische Ritus

Im 18. Jh. empfanden viele Freimaurer das Bedürfnis, die grundlegenden Lehren der drei ersten Grade zu vertiefen und zu erweitern. Bei ihrer Suche nach geistigen Quellen stießen sie auf die traditionelle schottische Maurerei und entwickelten daraus die maurerischen Hochgrade. Die Logen des bedeutenden dieser Systeme, des „Alten und Angenommenen Schottischen Ritus" unterstehen dem 1801 in Charleston (South Carolina, USA) gegründeten „Obersten Rat der General-Großinspektoren". Dessen Macht entspricht nahezu dem Einfluss der Vereinigten Großloge von England.

Die 30 Grade, die sich an die drei Johannisgrade anschließen, werden wiederum in „rote", (4.–18. Grad), „schwarze" (19.–30. Grad) und „weiße" (31.–33. Grad) Freimaurergrade unterteilt. Allerdings spielen nur sieben dieser Grade eine praktische Rolle, sodass die Beförderung in diese Lehrstufen für den Freimaurer mit besonderen

Jedem Grad sein eigenes Symbol: Die Hochgradsysteme des Schottischen Ritus und des York-Ritus sind für den Uneingeweihten in ihrer Komplexität kaum zu verstehen.

Die Riten von Misraim und Memphis
Das 1805 in Italien entstandene Misraim-Hochgradsystem wird auch als Ägyptischer Ritus bezeichnet. Es wurde von einem Ägypter namens Samuel Honis in Frankreich eingeführt, dort verändert und ab 1814 als Memphis-Ritus im 19. Jh. weit verbreitet. Beide Riten standen zeitweilig in Konkurrenz zueinander, waren aber auch immer wieder für Jahrzehnte miteinander verschmolzen. Das Besondere an ihnen ist ihr kompliziertes System von 90 (Misraim) beziehungsweise sogar 97 (Memphis-Ritus) verschiedenen Graden.

Einweihungszeremonien verbunden ist. Dies sind neben den vier höchsten, weißen Lehrinhalten die Grade 4, 9 und 18.

Der Rektifizierte Schottische Ritus

Im Unterschied zum Alten und Angenommenen Schottischen Ritus kennt dieser „rektifizierte“, berichtigte Freimaurerbund nur sechs Grade. Der höchste dieser Grade heißt „Ritter der heiligen Stadt“ und erinnert an die Tempelritter. Der Ritus, der einen sehr spirituellen Charakter und dezidiert christliche Bezüge aufweist, ist auch heute noch vor allem in der Schweiz, in Belgien und in Frankreich verbreitet.

Der York-Ritus

Unter der Bezeichnung „York-Ritus“ wird eine Gruppe von zum Teil sehr alten freimaurerischen Ritualen zusammengefasst, die heute vor allem in den USA und Kanada eine große Verbreitung erfahren haben. Neben den drei Johannisgraden hat dieses System vier weitere so genannte Kapitelgrade sowie drei Kryptische Grade ausgebildet, an deren Spitze der Grad des „Höchst Vortrefflichen Meisters“ steht. Eine der wichtigsten Vereinigungen des York-Ritus ist der christlich-freimaurerische Orden der Tempelritter (Knight Templar). Die Rituale dieser 1769 in Boston gegründeten Bruderschaft sind vor allem in den USA, England und Irland verbreitet und lehnen sich eng an die Traditionen der Templer und Kreuzfahrer an.

Der Schwedische Ritus

Der Schwedische Ritus, auch Swedenborg-Ritus genannt, wurde um 1776 von dem Benediktiner Antoine Joseph Pernetty (1716–1796) gegründet. Er bezieht sich insbesondere auf die christlichen Evangelien, die mittelalterliche Mystik und die Lehren des schwedischen Naturforschers und Spiritisten Emanuel von Swedenborg (1688–1772). Den Schwedischen Ritus kennzeichnen zahlreiche esoterisch-okkultistische Elemente, und er verfügt je nach Lesart über neun, zehn oder elf verschiedene Grade. In der zweiten Hälfte des 19. Jh. fasste dieser Ritus vor allem in den USA und Kanada Fuß, wurde jedoch stark verändert, sodass er mit seinen Ursprüngen nicht mehr viel gemein hat.

Die Lehren des schwedischen Forschers und Mystikers Emanuel Swedenborg bilden das Gerüst des Schwedischen Ritus, einer stark esoterisch dominierten Richtung der Freimaurerei.

Auch bei den Freimaurern ist noch kein Meister vom Himmel gefallen. Der Weg zum altehrwürdigen Großmeister ist lang und mit zahlreichen Prüfungen gepflastert.

Wie wird man Freimaurer?

Wer Freimaurer werden will, muss eine ganze Reihe von Kriterien erfüllen: Am Ende entscheiden die Logenbüder mit weißen und schwarzen Kugeln über die Aufnahme des „Suchenden".

Frei und von gutem Ruf

Nach James Andersons Konstitutionsbuch von 1723, das noch heute als „Grundgesetz" der Freimaurer gilt, kann „jeder freie Mann von gutem Ruf" in eine Loge aufgenommen werden. Mit „frei" ist dabei vor allem eine innere Freiheit gemeint, die Freiheit, wichtige Entscheidungen, die das eigene Leben betreffen, autonom fällen zu können. Aber auch das Fehlen bestimmter psychischer Abhängigkeiten, von Spielleidenschaft bis zur Drogensucht, gilt in vielen Logen als Zugangsvoraussetzung. Zudem sollte der Aufnahmewillige, der in der Freimaurersprache als „Suchender" bezeichnet wird, über eine gewisse finanzielle Unabhängigkeit verfügen, sollte er doch in der Lage sein, die mit der Logenarbeit verbundenen Ausgaben aufzubringen, etwa für die typische freimaurerische Bekleidung (Schurz, Handschuhe, Logenabzeichen). Aufnahmewilligen mit geringem Einkommen können aber im Einzelfall diese Kosten erlassen oder gestundet werden. Der „gute Ruf" braucht nicht durch ein polizeiliches Führungszeugnis nachgewiesen

Aufnahme, Wechsel und Austritt

Mit dem Eintritt in eine Loge wird nach maurerischem Verständnis ein Lebensbund geschmiedet. Das aufwändige und Zeit raubende Aufnahmeprozedere hat deshalb auch den Zweck, leichtfertige Aufnahmen zu verhindern. Unabhängig davon sind Austritte aber problemlos möglich und werden in der Regel als „ehrenvolle Deckung" bezeichnet. Auch Wechsel zu einer anderen Loge sind üblich, auch zu Logen anderer ethischer Ausrichtung.

zu werden, doch sollte der Kandidat eine Vertrauensperson nennen, die über ihn Auskunft geben kann. Dabei ist es wichtig, dass der Suchende mit den „Alten Pflichten" im Einklang steht, also aufrichtig, ehrlich und frei von Vorurteilen gegenüber Rassen, Religionen und politischen Ideen ist. Er muss seine Bereitschaft bekunden, sich selbst auf den Prüfstein zu stellen und zu verändern. Auch darf er keiner den Freimaurern feindlich gegenüberstehenden Organisationen angehören. Während grundsätzlich keine minderjährigen jungen Männer in die Bruderschaft aufgenommen werden, muss in vielen der Kandidat das 21. Lebensjahr vollendet haben.

Wer das traditionelle Zeremonie-Kostüm auf einer öffentlichen Freimaurer-Veranstaltung trägt, hat zumeist schon viele Jahre in einer Bruderschaft hinter sich.

Der Suchende muss sich erklären

Diese Aufnahmekriterien unterscheiden sich, wenn auch nicht im Kern, von Loge zu Loge. Die meisten Neu-Freimaurer gelangen durch die Empfehlung eines Bruders in die Loge. Werbung wird in den meisten Logen abgelehnt. Der öffentliche Lebenswandel der einzelnen Freimaurer soll für sich selbst und damit auch für die Bruderschaft sprechen. Eine Ausnahme stellt der nicht von der englischen Großloge anerkannte französische „Grand Orient" dar, der auch mit Radiosendungen an die Öffentlichkeit tritt.

Im Allgemeinen wird derjenige, der sich mit einem Aufnahmewunsch an eine Loge wendet, eine Aufforderung erhalten, einen schriftlichen Aufnahmeantrag zu stellen und diesen mit einem Lebenslauf zu versehen. Vom Suchenden wird meist erwartet, mindestens ein halbes Jahr lang die Gästeabende zu besuchen, die in regelmäßigen Abständen stattfinden. Dort macht er sich mit den Logenbrüdern bekannt. Dabei wird von ihm verlangt, dass er über seine Beweggründe, der Loge beizutreten, ausführlich und ehrlich Auskunft gibt. In dieser Zeit muss sich der Aufnahmewillige zudem einen oder zwei Bürgen suchen, die ihn durch seine Jahre als Lehrling und später Geselle begleiten sollen.

Schwarze Kugeln bedeuten Abweisung

Vor dem Aufnahmeausschuss der Loge wird der Kandidat zu seinem Wunsch, Freimaurer zu werden, erneut befragt. Wenn sich die Bürgen gefunden haben und der Ausschuss eine positive Empfehlung ausgesprochen hat, folgt die so genannte Kugelung. Die Brüder stimmen über die Aufnahme mittels weißer und schwarzer Kugeln ab. Weiß bedeutet Ja, schwarz heißt Nein. Bei einem „hell leuchtenden" Ergebnis, bei dem nur weisse Kugeln abgegeben wurden, steht einer Einweihung des Suchenden nichts mehr im Wege. Kommen zu viele schwarze Kugeln in geheimer Abstimmung zusammen, gilt er als abgewiesen.

Seton Challon (Bildmitte), Großmeisterin einer Frauen-Freimaurerloge gehört zu den Pionierinnen der weiblichen Freimaurerei. Doch die reinen Frauenlogen sind bis heute nicht offiziell anerkannt.

Die Frauenfrage

Die Freimaurerei ist ein Männerbund. Logen, die Frauen aufnehmen, werden seit über 250 Jahren zwar akzeptiert, aber nicht offiziell anerkannt.

Offene Herzen, verschlossene Logen

Frauen sind von der Mitgliedschaft in einer regulären Freimaurerloge ausgeschlossen. Diese Tatsache resultiert aus dem Umstand, dass es zur Zeit der Entstehung der Freimaurerei keine weiblichen Steinmetze gab und die Freimaurerei eben aus den mittelalterlichen Bauhütten der Steinmetze hervorging.

Bereits das 1723 erschienene Konstitutionsbuch der Freimaurerei versagt „Frauenzimmern" ausdrücklich den Beitritt zu den Bruderschaften. In einem 1785 im „Teutschen Merkur" abgedruckten Text zum Selbstverständnis der Freimaurer heißt es unmissverständlich: „Die Herzen der Freimaurer stehen den Frauen offen, aber die Logen sind ihnen verschlossen". Das hat sich bis heute nicht grundsätzlich geändert.

Das Weib ist kein Mensch

Es gibt historische Belege dafür, das vor Beginn der offiziellen Freimaurerei im Jahr 1717 in England und Frankreich vereinzelt auch Frauen an den Tempelarbeiten beteiligt oder in die Bräuche der Freimaurerbünde eingeweiht waren. Dass dies Einzelfälle blieben, hat vor allem mit der Stellung der Frau im 18. Jh. zu tun. Frauen hatten sehr viel weniger Rechte als Männer und wurden oftmals nicht als vollwertige Menschen angesehen. So prangerte der englische Philosoph John Stuart Mill (1806–1873) an, dass „englische Frauen gesetzlich die Sklaven ihres Ehemannes" seien. Der damals verbreitete Sinnspruch: „Gallina non est avis, uxor non est homo" – Das Huhn ist kein Vogel, das Weib ist kein Mensch – bringt dies auf den Punkt.

Auch die 1929 von der Englischen Großloge herausgegebenen „Basic Principles" der Freimaurerei betonen, dass reguläre Logen keine Frauen aufnehmen dürfen. Viele Logen befürchten noch heute, dass ihre Brüder bei den rituellen Tempelarbeiten von Frauen „abgelenkt" würden.

Erst adoptiert, dann selbstständig: Die gemischten Logen

Seit der Entscheidung der englischen Freimaurer-Großloge, keine Frauen aufzunehmen, wurde die „Frauenfrage" in der Freimaurerei heftig diskutiert und wird es noch heute. In der Folgezeit entwickelten sich drei Formen von Logen, an denen Frauen teilnahmen, die aber allesamt nicht als reguläre Logen anerkannt wurden und werden. Bereits Mitte des 18. Jh. waren es die so genannten Adoptionslogen, in denen Männer und Frauen gemeinsam freimaurerische Bräuche pflegten. Diese Verbindungen waren aber weder selbstständig noch offiziell anerkannt. Sie waren bestehenden männlichen Logen beigeordnet und wurden von diesen kontrolliert. Diese gemischten Logen entstanden vor allem in Frankreich. Die französische Königin Marie Antoinette (1755–1793) etwa gehörte einer solchen Loge an.

Ende des 19. Jh. entstanden, ebenfalls von Frankreich ausgehend, die ersten eigenständigen „gemischten" Logen. 1882 wurde die bekannte französische Feministin Maria Deraismes (1828–1894) in die Pariser Loge „Les Libres Penseurs" aufgenommen, die daraufhin ihre Anerkennung verlor. Elf Jahre später gründete Deraismes mit der „Le Droit Humain" die erste gemischte Loge, in der neben ihr zunächst 16 weitere Frauen aufgenommen wurden. Le Droit Humain verwandelte sich bald in eine Großloge, weitere gemischte Großlogen gründeten sich in den folgenden Jahrzehnten zunächst in Europa, dann auch in Indien, den USA, Südamerika und Ozeanien. Heute gibt es Töchterlogen der „Droit Humain" in mehr als 60 Ländern mit geschätzten 400 000 Mitgliedern.

Die französische Königin Marie Antoinette ist die wohl prominenteste Freimaurerin des 18. Jh.. Sie gehörte einer gemischten Loge an, die von einer Männerbruderschaft „adoptiert" worden war.

Die reinen Frauenlogen

Anfang des 20. Jh. entstanden, zuerst in England und den USA, zudem die ersten reinen Frauenlogen, die ebenfalls nicht als regulär anerkannt wurden. Später entwickelten sich solche Logen auch in Frankreich, Spanien, Belgien, der Schweiz und Deutschland. Hier wurde 1949 die Frauenloge „Zur Humanität" gegründet, die sich 1982 in eine Großloge umwandelte. Diese inzwischen in „Frauen-Großloge von Deutschland" umbenannte Schwesternschaft hat mittlerweile 15 Töchterlogen in deutschen Städten. Auch in zahlreichen lateinamerikanischen Ländern existieren heute reine Frauenlogen.

Bei der Zusammenkunft der Frauen-Freimaurer in London bekundeten die „Schwestern" 1937 ihre Forderung, innerhalb des internationalen Systems der Freimaurerei als gleichberechtigt anerkannt zu werden.

Die Geschichte der Freimaurerei

Verdächtigt und verfolgt: Kirche und Freimaurerei

Wachstum und Ausbreitung, aber auch Verfolgung und blutige Zerschlagung prägen die Geschichte der Freimaurerei. Seit Beginn der organisierten Freimaurerei wurde diese von der katholischen Kirche verdächtigt und verfolgt. Mehr als 230 Jahre verbot der Vatikan den Gläubigen, sich einer Loge anzuschließen und bedrohte katholische Freimaurer mit der Exkommunikation.

Der Makel des Bösen

Zwischen der katholischen Kirche und der Freimaurerei besteht seit dem 18. Jh. eine tiefe, kaum überbrückbare Kluft. Die Freimaurer wurden von Anfang an von der Kirche verdächtigt, Gotteslästerung zu betreiben und Orgien zu feiern, in der sie angeblich der Trunksucht frönten und sexuelle Handlungen an Minderjährigen vornahmen. In einer am 28. April 1738 von Papst Clemens XII. verfassten Bulle zur Verurteilung der Freimaurerei ist zu lesen, die freimaurerischen Bünde hätten einen so starken Verdacht erregt, „dass ein rechtschaffener und kluger Mensch sich diesen Gesellschaften nicht anschließen kann, ohne sich mit dem Makel der Perversion und des Bösen zu beflecken". Besonders die strikte Geheimhaltungspflicht der Vereinigung schürte dass Misstrauen der Kirche. „Denn würden sie nichts Böses tun, so hätten sie das Licht nicht zu scheuen", heißt es in der päpstlichen Erklärung. Den Gläubigen wurde darin untersagt, sich einer Loge anzuschließen. Wer dieses Verbot missachtete, dem drohte der Ausschluss aus der Kirche, die Exkommunikation. Die päpstliche Bulle führte dazu, dass freimaurerische Bruderschaften in Spanien, Portugal und Polen verboten wurden. Vor allem, die Tatsache, dass die Freimaurer Menschen aller Religionen aufnahmen und keine Konfession über eine andere stellten, war der katholischen Kirche ein Dorn im Auge. Doch auch die Drohung mit Ausschluss aus der Kirche

Papst Pius VII., der von 1800 bis 1823 die katholische Kirche führte, gehörte zu den schärfsten Kritikern der Freimaurerlogen. 1814 warf er den Bruderschaften Staatsgefährdung vor.

Freimaurerei und evangelische Kirche
Das Verhältnis zwischen evangelischer Kirche und Freimaurerei war seit jeher weniger belastet als die Beziehung zwischen den Logen und dem Vatikan. Nicht wenige freimaurerische Großmeister trugen den Talar eines evangelischen Geistlichen.
Die Kirche selbst stellte zwar wiederholt die Frage, ob ein Christ Freimaurer sein könne, beantwortete sie aber nie eindeutig mit „Nein". Im Zentrum ihrer vorsichtigen Abgrenzung stand die Überzeugung, dass die maurerische Humanität nicht mit jener des Neuen Testaments gleichgesetzt werden dürfe, da diese allein der Gnade des christlichen Gottes entspringe.

Der Vatikan verurteilte die Freimaurerei über 200 Jahre lang mit scharfen Worten. Besonders die Regierungen südeuropäischer Staaten nutzten die katholische Feindschaft gegenüber den Freimaurern als Legitimation, unerbittlich gegen die Logen vorzugehen.

konnte nicht verhindern, dass sich viele Geistliche – darunter auch Prälaten und Bischöfe – der Freimaurerei zuwandten.

Freimaurerei als Teufelswerk

Auch im 19. Jh. standen Freimaurer und Kirche einander in offenem Kampf gegenüber, wobei dem Klerus stets die Rolle des Angreifers zukam. Viele christlich orientierte Logen hingegen betonten immer wieder ihre „aufrichtigste Zuneigung zur heiligen christlichen Religion", auch um die Wucht der kirchlichen Angriffe abzumildern. Diese Beschwichtigungsversuche fruchteten kaum: 1814 verurteilte Papst Pius VII. die Bruderschaft wegen Staatsgefährdung, 50 Jahre später bezeichnete Papst Pius IX. die Freimaurerei als „Synagoge des Satans". Sein Nachfolger, Leo XIII. verdammte die Maurerei gar als „Teufelswerk" und beschwor alle katholischen Bischöfe „diese unreine Sache" auszurotten.

Annäherung an eine schwere Sünde

Diese Angriffe setzten sich bis weit ins 20. Jh. fort. Ab 1968 nahm die katholische Kirche unter Papst Paul VI. einen vorsichtigen Dialog mit den Freimaurerlogen auf, der aber nur zu einer begrenzten Annäherung führte. So erklärte eine entsprechende offizielle Kommission 1970, dass „die päpstlichen Bullen, die sich mit der Freimaurerei befassen, nur noch eine geschichtliche Bedeutung haben". Doch elf Jahre später bekräftigte der Vatikan, Mitglieder einer Freimaurervereinigung müssten weiterhin aus der Kirche ausgeschlossen werden. Die Androhung des „automatischen" Ausschlusses wurde zwar kurz darauf zurückgenommen, doch wirklich entspannt hat sich das Verhältnis der katholischen Kirche zur Freimaurerei bis heute nicht.

So erklärte der deutsche Joseph Kardinal Ratzinger, der seit April 2005 als Papst Benedikt XVI. die Katholiken führt, es sei „eine schwere Sünde" Mitglied einer Loge zu sein.

Viele Freimaurer beteiligten sich direkt an der Französischen Revolution, obwohl die maurerischen Regeln jede Einmischung der Logen in die Politik verbieten. Doch die Ideale der Aufklärung entsprachen der Ethik der Freimaurer.

Die Freimaurer: Staat und Politik

Die Freimaurerei versteht sich als staatstreu und unpolitisch. Trotzdem haben Freimaurer immer wieder an der Spitze gesellschaftlicher Umwälzungen gestanden, die gegen das herrschende Regierungssystem gerichtet waren.

Treue gegenüber dem Staat

Das Verhältnis der Freimaurerei zum Staat war vor allem im 18. Jh. ein äußerst zwiespältiges – es zerfiel in Theorie und Praxis. Die als Konstitutionsbuch bekannte Freimaurer-Verfassung von James Anderson verpflichtet schon 1723 die Bruderschaften zur Treue gegenüber der staatlichen „Obrigkeit" und schwört jeder Form der Rebellion gegen die Staatsgewalt ab. In diesen „Alten Pflichten" heißt es: „Ein Maurer ist ein friedfertiger Untertan der bürgerlichen Gewalten, wo immer er auch wohnt und arbeitet, und lässt sich nicht auf Zusammenrottungen und Verschwörungen gegen den Frieden und die Wohlfahrt des Volkes ein". Die Freimaurer verstanden sich in fast allen Ländern seit jeher als unpolitische Organisation, die in die Tagespolitik nicht eingreift. Den einzelnen Logenbrüdern ist es aber erlaubt, sich politisch zu engagieren. Streitgespräche über parteipolitische Themen sind jedoch seit jeher bei den Freimaurern verpönt. Dazu heißt es in den „Alten Pflichten": „Auch sollt ihr nichts tun oder sagen, das verletzen oder eine ungezwungene und freie Unterhaltung unmöglich machen könnte. Denn das würde sich nachteilig auf unsere Eintracht auswirken und den guten Zweck vereiteln, den wir verfolgen. Deswegen dürfen keine persönlichen Sticheleien und Auseinandersetzungen und erst recht keine Streitgespräche über Religion, Nation oder Politik in die Loge getragen werden."

Die aufklärerischen Ideale

Die Praxis aber sieht anders aus. Auch wenn die Logen sich von jeder Parteipolitik fern halten, schließt dies nicht aus, dass bestimmte gesellschaftlich-politische Entwicklungen und Ziele von den Freimaurern begrüßt werden. Dies sind vor allem: die Trennung von Staat und Kirche, die Einrichtung weltlicher öffentlicher Schulen, die Internationalisierung der Politik im Sinne eines Weltbürgertums und die Durchsetzung demokratischer Prinzipien. Die innere Struktur der Logen ist von Beginn an geprägt vom Prinzip der Selbstorganisation gleichberechtigter Brüder. Sie war damit zur Zeit der Entstehung der ersten offiziellen Logen ein Vorbote des modernen demokratischen Systems.

Besonders im 18. Jh. standen die freimaurerischen Tugenden der Gleichheit und Brüderlichkeit in offenem Gegensatz zur Politik der herrschenden Königshäuser. Die Ideen der Aufklärung, die ausgehend von Frankreich schließlich in halb Europa in bürgerliche Revolutionen mündeten, kamen den von den Freimaurern vertretenen Idealen hingegen ziemlich nahe. Ein ähnlicher Widerspruch entwickelte sich in den britischen Kolonien in Nordamerika. Hier forderten die Siedler die Befreiung vom Joch der autoritären britischen Kolonialverwaltung. In beiden Fällen kam es schließlich dazu, dass auch viele Mitglieder der staatstreuen Freimaurerlogen an der Spitze der gegen die staatliche Autorität gerichteten politischen Umwälzungen standen. Sie hatten entscheidenden Anteil an der Französischen Revolution und am Unabhängigkeitskrieg in Nordamerika. Noch heute sind die meisten amerikanischen und französischen Logen politischer orientiert als die Bruderschaften anderer Länder.

Vom Staat verfolgt

Die Freimaurer wurden immer wieder von verschiedensten staatlichen Obrigkeiten verfolgt und verboten. Dadurch wurden sie – schon um ihres eigenen Überlebens willen – in Opposition zu diesen Machthabern gedrängt. Besonders linke und rechte Diktaturen haben die Freimaurer nicht geduldet – zum einen wegen ihrer demokratischen Grundprinzipien und zum anderen wegen der fehlenden Möglichkeit staatlicher Einflussnahme. Aber auch in fundamentalistisch-religiös regierten Staaten sind die Bruderschaften verboten.

Stärker als die Logenbrüder anderer Länder mischen sich die französischen Freimaurer seit der Französischen Revolution in politische Konflikte ein. Hier demonstrieren Freimaurer in Paris für ein besseres Bildungssystem.

Die Kultur der Freimaurer

Die Freimaurer haben die Kultur in vielfacher Hinsicht geprägt: mit ihrem Geist der Aufklärung, aber auch mit zahlreichen von berühmten Künstlern verfassten Werken, in deren Mittelpunkt freimaurerische Themen stehen.

Die Kultur der Vervollkommnung

Das Kulturverständnis der Freimaurer zielt vor allem auf die Veredelung und Vervollkommnung der Persönlichkeit; die Kultur soll dem Individuum einen Weg aufzeigen, wie er sein Leben sinnvoll gestalten kann. Die Ausarbeitung des eigenen Lebens wird so zum persönlichen Kunstwerk. Wie der Baumeister soll der Freimaurer sein Werk hervorbringen – als Lebenskünstler.

Die kulturelle Bedeutung der Freimaurerei liegt in erster Linie darin, möglichst viele Glaubensbekenntnisse und gesellschaftlich-politische Auffassungen in toleranter Form zu einem System zu vereinigen. Dabei wird das Verstehen und das Erleben miteinander verbunden.

Die Zauberflöte und Nathan der Weise

Die dieses Erleben leitenden Symbole und Rituale sind in zahlreichen Reden, Liedern, Dichtungen und Romanen bedeutender freimaurerischer Musiker, Komponisten und Schriftsteller gepflegt und vertieft worden. Die Freimaurerei verfügt über ein ausgedehntes Schrifttum über ihre Lehren, ihre Geschichte und ihre Bräuche. Sie hat aber auch ihr eigenes Liedgut geschaffen. Freimaurerge-

„Die Zauberflöte" ist nicht nur eine von Wolfgang Amadeus Mozarts berühmtesten Opern, sie ist auch eine Parabel auf die Freimaurerei. Tamino (Bildmitte) verkörpert den Suchenden, der zahlreiche Prüfungen bestehen muss.

Wie kein anderes Bühnenstück gilt „Die Zauberflöte" als freimaurerisches Werk. Einige ihrer Szenen hat Mozart direkt an das Aufnahmeritual der Logen angelehnt.

Auch Gotthold Ephraim Lessing war ein bekannter Freimaurer. In „Nathan der Weise" und einigen anderen seiner Bühnenstücke finden sich unverkennbar freimaurerische Themen wieder.

sänge und Tafellieder wurden seit dem frühen 18. Jh. komponiert und später in Liederbüchern gesammelt. Den kostbarsten Schatz der freimaurerischen Musik erschuf Wolfgang Amadeus Mozart (1756–1791) mit der Oper „Die Zauberflöte"; der berühmte Freimaurer komponierte für seine Loge zudem eine Reihe von Einzelgesängen und Kantaten.

Als wichtigstes freimaurerisches Drama gilt Gotthold Ephraim Lessings (1729–1781) Bühnenstück „Nathan der Weise". Dessen „Ringparabel" hat den Rang eines Lehrstücks für die Freimaurer auf der ganzen Welt. Auch in den Werken des Philosophen Johann Gottlieb Fichte (1762–1814) oder der Schriftsteller Rudyard Kipling (1865–1935) und Christoph Martin Wieland (1733–1813) tauchen immer wieder freimaurerische Themen auf.

Mozarts „Zauberflöte"

Mozarts bekannteste und letzte Oper ist eine Parabel auf die Freimaurerei. Sie beschreibt den Weg des Suchenden zum Licht , verkörpert durch Tamino, der viele (maurerische) Prüfungen bestehen muss. Einige Szenen wirken, als entstammten sie direkt dem Aufnahmeritual einer Loge. Die Figur des weisen Sarastro verkörpert das Ideal des freimaurerischen Menschenbilds und wurde von Mozart vermutlich an die Person des von ihm verehrten Logenmeisters Ignaz von Born angelehnt.

Ein Künstlerzentrum: Die Loge „zur wahren Eintracht"

Vor allem aber hat die Freimaurerei im 18. Jh. mit ihren auf den Prinzipien der Gleichheit, Toleranz und Brüderlichkeit gründenden Ethik die geistige Kultur der Zeit geprägt und den Boden für das Zeitalter der europäischen Aufklärung mit bereitet. Viele Logen, in denen angesehene und gebildete Mitglieder waren, wurden zu philosophisch-kulturellen Zentren, etwa die Pariser Loge „Les Neuf Sœurs", die auch als Philosophenloge bezeichnet wurde, und die Wiener Loge „Zur wahren Eintracht". Diese 1781 gegründete Loge hatte den Charakter einer freimaurerischen Akademie.

Fast alle Wiener Schriftsteller, Musiker und Wissenschaftler von Rang und Namen wurden Mitglied der Bruderschaft. An ihrer Spitze stand mit dem Naturwissenschaftler und Satiriker Ignaz von Born (1742–1791) eine der schillerndsten Persönlichkeiten der josephinischen Zeit.

Der Sturm auf die Bastille markiert den Höhepunkt der Französichen Revolution. Viele Freimaurer schlossen sich den Rebellen an und beteiligten sich an der Erstürmung des französischen Staatsgefängnisses.

Im Zeichen der Aufklärung

Die Geschichte der europäischen Freimaurerei in der zweiten Hälfte des 18. Jh. ist aufs Engste verknüpft mit den gesellschaftlichen und politischen Entwicklungen der Zeit. Die Verfolgung der Freimaurer und ihre Auseinandersetzung mit der Aufklärung und der Französischen Revolution standen dabei im Vordergrund.

Wachstum und Zersplitterung

In England, dem Mutterland der Freimaurerei, kennzeichnet die Entwicklung der Logen ihr stetiges Wachstum, aber auch die Zersplitterung des Systems. Der 1717 gegründeten Vereinigten Großloge von England unterstanden 1732 schon 109 und 1813 sogar über 400 Logen. Daneben entstanden seit etwa 1740 die freimaurerischen Hochgradsysteme und zahlreiche neue maurerische Lehren, die im Widerspruch zu den Prinzipien der Englischen Großloge standen. In Abgrenzung von dieser bildeten sich auch weitere Großlogen-Systeme. Insbesondere die 1751 gegründete „Großloge der antiken Maurer" erhielt regen Zulauf. 1781 gehörten den so genannten Antients bereits 200 Logen an. Auch in anderen europäischen Ländern wie Frankreich und Deutschland gingen Wachstum und Aufsplitterung der Logen Hand in Hand, letztere Entwicklung vor allem in Deutschland begünstigt durch die Zersplitterung des Landes in zahlreiche Kleinstaaten. Die unterschiedlichsten freimaurerischen Logen haben sich wiederum in einer Vielzahl neu gegründeter Großlogen organisiert.

Verbote und Verfolgung

Vor allem in den romanischen Ländern mussten die Bruderschaften gegen die katholische Kirche kämpfen. Diese ging nicht nur in ihren päpstlichen Dekreten gegen die Logen vor, sondern nutzte auch ihren Einfluss auf die Regierungen. Auch deshalb kam es zu einer Vielzahl von Verboten. Allein zwischen 1731 und 1739 wurden Bruderschaften in Rom, Venedig, Neapel und der Toskana, aber auch in Holland, Polen und Schweden, in Genf und Hamburg geschlossen. Am konsequentesten ging die Inquisition gegen die Freimaurer in Spanien und Portugal vor.

Aufklärung und Revolution

In der fortschrittsfeindlichen Atmosphäre vieler von Königs- und Fürstenhäusern regierten Staaten wurde die Freimaurerei zu einer neuen Form des Protestes gegen soziale und politische Missstände. Die Logen hoben Standesunterschiede in ihren Reihen auf: Hier gab es keine Untertanen, sondern nur gleichberechtigte Brüder. So zogen die Freimaurerlogen viele Persönlichkeiten an, die für eine menschlichere Welt eintraten. Sie vertraten die Überzeugung, dass jeder Mensch ein Grundrecht auf Freiheit und Bildung habe und die Vernunft das Maß aller Dinge sei. Diese grundlegenden Gedanken der Aufklärung konnten sich in den abgeschirmten Logen der Freimaurer frei entfalten.

Besonders ausgeprägt war diese Entwicklung in Frankreich: Angesichts der Missstände der absoluten Monarchie unter Ludwig XV. (1710–1774) und seinem Nachfolger Ludwig XVI. (1754–1793) wurden die ersten freimaurerischen Zirkel von Adligen gebildet, die in Opposition zum Königshaus standen. 1737 wurde die Freimaurerei verboten, und es begann die Verfolgung derjenigen Logen, die ihre Auflösung verweigerten.

Gleichzeitig griff der Geist der Aufklärung immer mehr um sich. Bedeutende französische Aufklärer, vor allem Künstler und Wissenschaftler, schlossen sich den Freimaurern an. Auch ihr wohl wichtigster Denker, der Philosoph Voltaire (1694–1778), ließ sich kurz vor seinem Tod in den Bund aufnehmen. Der Geist der Aufklärung mündete schließlich in der Französischen Revolution.

Als sich 1789 große Teile des französischen Volkes gegen Ludwig XVI. erhoben und das Pariser Staatsgefängnis, die Bastille, stürmten, waren unter den Rebellen viele Freimaurer.

Die Logen selbst beteiligten sich aber nicht an den Aufständen, da die gewaltsame Beseitigung einer Regierung den freimaurerischen Prinzipien widersprach. Die revolutionären Ereignisse führten trotzdem zum zeitweisen Untergang der französischen Freimaurerei. Die Bruderschaften wurden verboten, zahlreiche Freimaurer hingerichtet. Erst im Jahr 1793 gelang es, einige Logen wieder ins Leben zu rufen.

Der Philosoph Voltaire gilt als einer der Väter der französischen Aufklärung. Kurz vor seinem Tod trat er wie viele andere fortschrittliche französische Denker den Freimaurern bei.

Gegen die Missstände der absoluten Monarchie Ludwigs XVI. erhoben sich große Teile des französischen Volkes und mit ihnen auch viele Freimaurer, die in Opposition zum Königshaus standen.

Freimaurer in der amerikanischen Unabhängigkeitsbewegung

Keine politische Entwicklung ist so eng mit der Freimaurerei verknüpft, wie die Entstehung der Vereinigten Staaten von Amerika. Im Unabhängigkeitskrieg gegen die britischen Kolonialherren und bei der späteren Staatsgründung spielten Freimaurer eine entscheidende Rolle.

Die Freiheitsstatue von New York – ein freimaurerisches Werk

Die Freiheitsstatue, das Wahrzeichen New Yorks, ist ein freimaurerisches Werk. Der Schöpfer des 46 Meter hohen Monuments ist der französische Bildhauer Frédéric-Auguste Bartholdi (1834–1904), der sich 1874 in die Pariser Freimaurerloge „Alsace-Lorraine" hatte aufnehmen lassen. Der Freimaurer Gustave Eiffel (1832–1923), der Konstrukteur des Eiffelturms, entwickelte das massive Eisenskelett, welches die Kupferstatue von innen stützt. Französische Freimaurer sammelten das Geld für die Statue, amerikanische Logenbrüder brachten die Kosten für den mehr als 50 Meter hohen Sockel auf. Den Grundstein für die 1886 fertig gestellte „Miss Liberty" legte schließlich die Großloge von New York.

Der Boden für die Unabhängigkeit

Die freimaurerische Bruderschaft in den britischen Kolonien von Nordamerika umfasste Mitte des 18. Jh. rund 6000 Männer. Sie waren in zumeist kleinen Logen organisiert, die ihre Anerkennung vornehmlich von den englischen, in einigen Fällen auch von schottischen Großlogen erhalten hatten. Neben der Vereinigten Großloge von England (Moderns) vergab auch die 1751 von ihr abgespaltene „Großloge der antiken Maurer" (Antients) schon bald nach ihrer Entstehung Gründungspatente. In den Logen der Moderns wurden zumeist königliche Gouverneure, aber auch hohe Offiziere und Beamte aufgenommen, die mehrheitlich nicht den Bruch mit England wünschten. Bei den Antients hingegen waren vornehmlich Kaufleute und andere Befürworter der Unabhängigkeit der nordamerikanischen Kolonien in der Mehrheit.

Freimaurer als Triebfeder der Bewegung

Die Ideen von Gleichheit und Brüderlichkeit, von Menschenrechten und einer Demokratie ohne Standesgrenzen und staatliche Unterdrückung fielen in der Neuen Welt auf fruchtbaren Boden. Hier konnte alles neu gestaltet werden, fernab der Traditionen europäischer Königshäuser und Fürstentümer. Diese freimaurerischen Ideale fanden in der Unabhängigkeitsbewegung ihren Niederschlag, und viele Freimaurer spielten im amerikanischen Unabhängigkeitskampf eine entscheidende Rolle: Neben Benjamin Franklin etwa der Rechtsanwalt James Otis (1725–1783), der als erster Menschenrechte vor Gericht verfochten hatte. Als 1773 Siedler im Hafen von Boston aus Protest gegen die Teesteuer, die Teeladungen britischer Schiffe über Bord warfen, wurden sie von dem Freimaurer Samuel Adams (1722–1803) und Mitgliedern der Loge St. Andrew's angeführt. Die als „Boston Tea Party" in die Geschichte eingegangene

Eine bronzene Gedenktafel in der Bostoner State Street markiert noch heute den Platz, wo einst die Gaststätte mit dem Namen „Zum Weinstock" stand, in der 1733 die erste Freimaurerloge in den amerikanischen Kolonien Großbritanniens gegründet wurde.

Aktion verschärfte den Konflikt mit der britischen Krone, die weitere Eskalation führte ab April 1775 zum Ausbruch des amerikanischen Unabhängigkeitskriegs.

Washington und seine „Brüder"

Durch die so genannten Feldlogen war die Freimaurerei vor allem in der Armee weit verbreitet. Viele hochrangige Offiziere waren Mitglieder der Bruderschaft. Als die Siedler unter dem Kommando von George Washington (1732–1799) eine eigene Armee aufstellten, waren 20 von 22 Generälen und 104 von 106 Stabsoffizieren, die unter Washingtons Befehl standen, Freimaurer. Washington selbst gehörte seit 1752 der Bruderschaft an. Als im Unabhängigkeitskrieg Logenbrüder gegen Logenbrüder kämpfen mussten, gab er den Befehl, erbeutetes freimaurerisches Eigentum stets an den Kriegsgegner zurückzugeben. Nach der Unterzeichnung der Unabhängigkeitserklärung im Jahr 1776 und der endgültigen Anerkennung der Unabhängigkeit durch die Briten sieben Jahre später, bestimmten Mitglieder der Logen die Geschicke des neuen Staates entscheidend mit. Washington selbst wurde der erste US-amerikanische Präsident (1789–1797) und stand einer Regierung vor, die ausschließlich aus Freimaurern bestand. Auch alle 13 Gouverneure der Gründerstaaten waren Logenmitglieder. Ebenso entstammten die Begründer der amerikanischen Verfassung fast alle der Bruderschaft.

Der Freimaurer George Washington

Im Jahr 1752 wurde George Washington in die „Fredericksburg Lodge No. 1" in Virginia aufgenommen. In der „American Union-Feldloge" wurde 1779 der später nicht verwirklichte Plan gefasst, Washington zum General-Großmeister einer neuen, alle Staaten umfassenden Großloge zu küren. 1788 wurde er zum „Meister vom Stuhl" der Loge „Alexandria" (Virginia) ernannt. Er blieb auch dann noch in seinem Amt, als er Präsident der Vereinigten Staaten geworden war.

Den Eid des Präsidenten der Vereinigten Staaten von Amerika leistete Washington auf die Bibel der New Yorker „St. John's Lodge No. 1". Die Grundsteinlegung des Kapitols in Washington vollzog der Präsident 1793 in seinem Freimaurerschurz der Großloge von Maryland.

Die „Rassenfrage“

Um die Gleichbehandlung „farbiger“ Männer tobte mehr als ein Jahrhundert lang in der Freimaurerei ein erbitterter Streit.

Sklaven sind keine freien Männer

Die Frage, ob Männer jeder Rasse und Hautfarbe in die Logen aufgenommen werden können, stellte lange Zeit einen Streitpunkt dar. Da sich die reguläre Freimaurerei zuerst in Europa und in höher stehenden Kreisen der Gesellschaft entwickelte, spielte diese Frage in der Gründungsphase noch keine Rolle. Im Konstitutionsbuch des schottischen Geistlichen James Anderson ist lediglich davon die Rede, dass „jeder freie Mann von gutem Ruf“ in eine Loge aufgenommen werden könne. Doch freie Männer von gutem Ruf mit schwarzer Hautfarbe gab es zu dieser Zeit nicht: Im europäischen Kolonialsystem und auch in den USA tauchten Schwarze lediglich als Sklaven und Diener auf. Farbige wurden überall unterdrückt und besaßen keine Rechte. Demgegenüber steht die Freimaurerei für Gleichheit, Brüderlichkeit und allgemeine Menschenrechte. Vor diesem Hintergrund entwickelte sich die Auseinandersetzung um die Aufnahme von Menschen mit schwarzer Hautfarbe.

Der Kampf um die Anerkennung

Im Jahr 1784 erhielt die erste Loge, in der sich in den USA ausschließlich Farbige organisiert hatten, ihre offizielle Anerkennung durch die Großloge von England. Sie war 1775 unter dem Namen „African Lodge“ in Boston von dem ehemaligen Sklaven Prince Hall gegründet worden und wandelte sich 1827 unter dem Namen ihres Begründers in eine Großloge. Als sich in den USA die

Während der Rassenunruhen in den USA wurden viele Menschen verletzt und getötet. Das Bild zeigt das Marine Hospital in New Orleans während der Rassenkonflikte in Louisiana im Juli 1866.

Es dauerte lange, bis in den USA die Freimaurerlogen auch Männer mit schwarzer Hautfarbe aufnahmen.

ersten „farbigen" Großlogen gründeten, waren es vor allem deutsche Freimaurer, die den Grundsatz verkündeten, dass kein „Suchender" wegen seiner Hautfarbe abgewiesen werden dürfe. So setzte sich der „Verein Deutsch-Amerikanischer Freimaurer" in New York aktiv für die Gleichberechtigung der Schwarzen ein und geriet damit in heftigen Gegensatz zu den weißen Logenbrüdern in den konservativen Südstaaten der USA.

Angelo Soliman, der erste schwarze Freimaurer Europas

Der um 1721 geborene Schwarzafrikaner Angelo Soliman wurde als etwa Siebenjähriger vermutlich aus dem Nordosten Nigerias geraubt und als Kammerdiener ausgebildet. 1753 trat er in die Dienste des Fürsten Joseph Wenzel von Liechtenstein und wurde dort bald der Vorgesetzte der gesamten Dienerschaft. 1781 trat Soliman in die Wiener Eliteloge „Zur wahren Eintracht" ein, wo man ihn schließlich zum zweiten Zeremonienmeister kürte. Er war mit vielen Dichtern und Intellektuellen befreundet und sprach sechs Sprachen. Nach seinem Tod 1796 erlangte Soliman eine makabere Berühmtheit: Auf Wunsch von Kaiser Franz II. (1768–1835) wurde er ausgestopft und bis 1806 im Wiener Naturalienkabinett ausgestellt.

Ein deutsch-amerikanischer Rassenkonflikt

Die „weißen" Großlogen Amerikas weigerten sich zunächst standhaft, ihre schwarzen Brüder als gleichberechtigt anzuerkennen.1857 lehnte die Großloge von Massachusetts die Aufnahme von *negros* in den Logen mit der Begründung ab, dies würde wie eine „Brandfackel in der amerikanischen Freimaurerei" wirken.

Nach dem Beschluss von Massachusetts trat die Großloge von Hamburg in einem weltweit verbreiteten Rundschreiben für die Menschenrechte und die Gleichbehandlung von Menschen mit schwarzer Hautfarbe ein. Dieser Brief brachte ihr erhebliche Auseinandersetzungen mit der weißen Großloge von New York ein. 1867 hob die Großloge von Illinois auf Antrag einer deutschen, ihr unterstehenden Loge das Aufnahmeverbot für Schwarze auf.

1875 beschlossen die deutschen Großlogen, die Prince-Hall-Großloge anzuerkennen, womit den Männern mit schwarzer Hautfarbe offiziell die Tore der Logen in Deutschland geöffnet wurden.

Durch das entschiedene Eintreten vor allem deutscher Bruderschaften für die Rassenemanzipation musste schließlich auch die Großloge des Staates Washington 1898 anerkennen: „Die Hautfarbe ist keine Schranke für die Freimaurerei".

Der Mythos der Weltverschwörung

Seit ihrer Entstehung werden die Freimaurer verdächtigt, ein verschwörerischer Geheimbund zu sein, mit dem Ziel, politische und wirtschaftliche Macht zu erlangen, ja gar eine weltweite Verschwörung zu planen. Auch wurde immer wieder behauptet, die Bruderschaft würde einen Satanskult betreiben. Beweise für solche Anschuldigungen konnten ihre Urheber nicht liefern, viele Behauptungen entpuppten sich als Hirngespinste.

Das Fundament der Verschwörungstheorien

Die Gründe, warum den Logen immer wieder Verschwörungsbestrebungen unterstellt wurden, sind vielfältig. Zum einen hat das Schweigegelübde der Maurer Misstrauen genährt: Wer nichts zu verbergen habe, müsse auch nichts verschweigen. Die Freimaurer wurden so in die Ecke der Geheimbünde gestellt, die ihre wahren Ziele nicht offen legen. Die Logen haben zu den gegen sie erhobenen Anschuldigungen meist geschwiegen, was vielfach als Eingeständnis gewertet wurde. Zum anderen hat die Rolle der Freimaurer in der Französischen Revolution und im Amerikanischen Unabhängigkeitskrieg insbesondere in konservativen Kreisen dazu geführt, die Freimaurer als Gefahr für die staatliche Ordnung zu brandmarken. Diese Verschwörungstheorien sehen die gesellschaftlichen Umwälzungen in Frankreich und den britischen Kolonien Nordamerikas nicht als von großen Teilen des Volkes getragene Reaktion auf gesellschaftliche Missstände, sondern als Werk einer Gruppe von verschwörerischen Geheimrevolutionären, die im Hintergrund die Fäden ziehen. Dass in den Logen oft einflussreiche Adlige und Bürger, Politiker und Intellektuelle verkehrten, hat den zahlreichen Verschwörungstheorien zusätzlich Nahrung geliefert. Wo sich die politische, geistige und wirtschaftliche Elite in für andere verschlossenen Räumen ballt, entsteht der Raum für Spekulationen.

Als privilegierte Minderheit wurden die Freimaurer zudem von ihren Gegnern oft in eine enge Verbindung zu den Juden gebracht und daraus eine gemeinsame Verschwörung des „Weltfreimaurertums" und des „Weltjudentums" konstruiert. Diese Gleichsetzung hinsichtlich der Ziele beider Gruppen fand seit dem 18. Jh. in vielen Verschwörungstheorien ihren Ausdruck und hatte ihren Höhepunkt im nationalsozialistischen Deutschland.

Gegen Gott, weltliche Herrscher und staatliche Ordnungen

Immer wieder gelang es einzelnen Publizisten, die Freimaurer als Verschwörer zu verunglimpfen. Zu den ein-

Die antifreimaurerische Propaganda zielte vor allem in Nazi-Deutschland darauf ab, eine gemeinsame Weltverschwörung von Juden und Freimaurern zu konstruieren.

Besonders die Verschwiegenheitspflicht der Freimaurer führte immer wieder dazu, dass ihre Gegner behaupteten, die Logen würden ihre wahren Ziele nicht offen legen sondern verbergen.

flussreichsten gehörte der Jesuit Abbé Augustin Barruel (1741–1821), der eine dreifache freimaurerische Verschwörung glaubte enttarnen zu können: Gegen Gott, das Christentum und die Kirche zum einen, gegen die Könige und Fürsten zum anderen und letztendlich auch gegen jede bürgerliche Gesellschaft und jegliche Form des Eigentums. Dabei warf Barruel Freimaurer und den Bund der Illuminaten in einen Topf. Ähnlich gelagerte Verschwörungstheorien entwickelte auch der Wiener Sprachwissenschaftler Leopold Alois Hoffmann (1760–1806). Im 19. und 20. Jh. wurden diese Theorien weiterentwickelt und an die aktuellen gesellschaftlichen Gegebenheiten angepasst. Zudem führten immer wieder Lügenmärchen ehemaliger Freimaurer dazu, dass Öffentlichkeit und Regierungen aufgeschreckt und gegen die Freimaurer mobilisiert wurden.

Die Lügen des Leo Taxil

Großes Aufsehen erregten Ende des 19. Jh. die „Enthüllungen" des ehemaligen Freimaurers Leo Taxil (1854–1907). Taxil, der eigentlich Gabriel Jogand-Pagès hieß, war unehrenhaft aus der Loge ausgeschieden, bevor er ab 1885 mehrere Bücher über die Freimaurer veröffentlichte. Dort behauptete er, die Bruderschaft würde den Teufel „Baphomet" anbeten, sexuelle Orgien feiern und auch vor Meuchelmorden nicht zurückschrecken. Taxils Schriften wurden in der ganzen Welt verbreitet. Die katholische Kirche unterstützte Taxil und gewährte ihm sogar eine Audienz bei Papst Leo XIII. 1897 „enthüllte" Taxil, dass alle seine Behauptungen frei erfunden seien. Als Grund für den Schwindel gab er an, er habe mit seinen Machenschaften die Kirche öffentlich vorführen wollen.

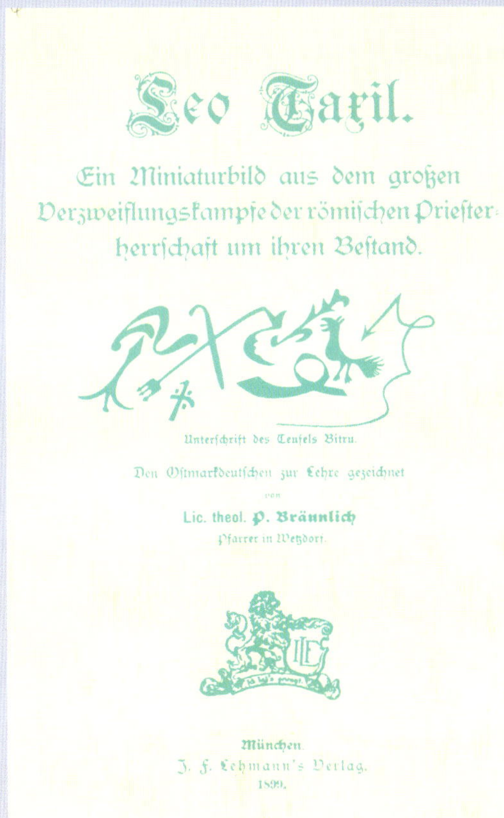
Leo Taxil.

Ein Miniaturbild aus dem großen Verzweiflungskampfe der römischen Priesterherrschaft um ihren Bestand.

Unterschrift des Teufels Bitru.

Den Ostmarkdeutschen zur Lehre gezeichnet

von

Lic. theol. P. Bräunlich

Pfarrer in Wetzdorf.

München.

J. F. Lehmann's Verlag.

1899.

Die Illuminaten

Freimaurerähnliche Geheimbünde, die oft in keiner direkten Beziehung zur regulären Freimaurerei standen, haben dazu beitragen, dass diese in Verruf geriet. Eine besondere Rolle spielt dabei der bayerische Orden der Illuminaten.

Verwechselung als Konzept

Im Rahmen der zahlreichen Anfeindungen, denen sich die Freimaurer in ihrer knapp 300-jährigen Geschichte ausgesetzt sahen, wurden sie immer wieder für die Worte und Taten anderer Logenverbindungen und Geheimbünde haftbar gemacht. Nicht selten bedienten sich diese Organisationen bewusst ähnlicher Begriffe und Rituale wie die Freimaurer, sodass eine Verwechselung leicht möglich wurde.

Illuminaten und Utopie

Nicht nur von dem antifreimaurerischen Verschwörungstheoretiker Abbé Augustin Barruel wurde eine enge Verbindung zwischen Freimaurern und Illuminaten behauptet. Der Geheimbund der Illuminaten („Erleuchteten") war 1776 von dem Ingolstädter Gelehrten Adam Weishaupt (1748–1832) gegründet worden.

Freimaurer und Illuminat: Der Dichter Johann Wolfgang von Goethe ist das wohl prominenteste Mitglied des bayerischen Ordens der Illuminaten, um den sich viele Verschwörungstheorien ranken.

Ein Orden mit eigenen Symbolen und Ritualen: Das abgebildete Abzeichen wurde demjenigen Illuminaten verliehen, der den so genannten Minervalgrad erreichte.

Von den Freimaurern übernahm man das System der Einweihungsgrade und das Schweigegelübde. Weishaupts ehrgeiziger Plan war es, eine geheime Weisheitsschule ins Leben zu rufen, in der junge Akademiker all das lernen sollten, was Kirche und Staat aus den Lehrplänen der Universitäten verbannt hatten.

Mit ihrer Forderung nach einer freien und unabhängigen Lehre kritisierten die auf wissenschaftlichen Fortschritt setzenden Illuminaten gleichzeitig die herrschenden Königs- und Fürstenhäuser. Anders als die Freimaurer besaß der Bund eine politisch-gesellschaftliche Utopie: Eine Weltordnung ohne Staaten, Herrscher und Stände, organisiert als demokratische Republik, getragen von der Kraft der Vernunft und dem Prinzip der christlichen Nächstenliebe, eine Weltordnung, die allerdings nicht durch einen gewaltsamen Umsturz herbeigeführt werden sollte.

Der Ingolstädter Gelehrte Adam Weishaupt gründete den Illuminaten-Orden im Jahr 1776. Als die Vereinigung nur neun Jahre später gewaltsam aufgelöst wurde, musste Weishaupt fliehen.

Die Unterwanderung der Logen

Weishaupt und der führende Illuminat Adolph Freiherr von Knigge (1752–1796), Verfasser des Benimmregelwerks „Über den Umgang mit Menschen", versuchten gezielt, Freimaurerlogen zu unterwandern, um ihre eigene Organisation zu stärken. Dieser Plan ging in vielen Fällen auf. So geriet etwa die einflussreiche Wiener Künstlerloge „Zur wahren Eintracht", der auch Wolfgang Amadeus Mozart und Joseph Haydn angehörten, unter den Einfluss der Illuminaten. Aufgrund der intensiven Verbindung einiger Logen mit den Illuminaten wurden beide Bruderschaften von ihren Gegnern immer wieder gleichgesetzt. Großlogen wie die Berliner Mutterloge „Zu den drei Weltkugeln" erkannten allerdings bald die Absicht, einzelne Freimaurer-Bruderschaften zu instrumentalisieren. Sie distanzierten sich von dem Orden und warnten die ihnen angeschlossenen Logen eindringlich vor den Plänen Weishaupts und Knigges. Trotzdem gelang es den Illuminaten immer wieder, berühmte Freimaurer in den Orden aufzunehmen, der prominenteste ist sicherlich Johann Wolfgang von Goethe (1749–1832).

Das Ende der Illuminaten

Auf seinem Höhepunkt hatte sich der Orden über fast alle deutschen Staaten und Österreich verbreitet und zählte etwa 600 bis 700 Mitglieder. Mit seiner radikalen gesellschaftlich-politischen Vision betonte Adam Weishaupt den Gegensatz der Vereinigung zu den regierenden Königs- und Fürstenhäusern, deren Reaktion nicht lange auf sich warten ließ. Die Illuminaten wurden zu Unrecht verdächtigt, Urheber der gewaltsamen Revolten der Französischen Revolution zu sein und den Papst stürzen zu wollen.

Aufgrund dieser Behauptungen wurden sie mit Unterstützung der katholischen Kirche vom bayerischen Kurfürsten Karl Theodor (1724–1799) verfolgt und verboten. Weishaupt musste aus Ingolstadt fliehen, und der Orden wurde 1785 aufgelöst. 1896 wurde der Orden neu gegründet, 1925 schloss man sich zum „Weltbund der Illuminaten" zusammen.

Berühmte Freimaurer des 18. Jh.

In der Geschichte der Freimaurerei hat der Bund immer wieder bekannte und berühmte Persönlichkeiten aufgenommen, die sich von den Zielen der Bruderschaft angezogen fühlten.

Die Verwandtschaft Friedrichs des Großen

Bereits kurz nach ihrer Gründung nahmen die Freimaurer in ihrem Mutterland England hochgestellte, adelige Persönlichkeiten wie den Herzog John von Montagu, den Prinzen von Wales und den Herzog von Wharton auf, um das Ansehen der Logen aufzuwerten. In Deutschland war es vor allem der preußische König Friedrich II. (1712–1786), der die Aufnahme von Adligen, hohen Militärs und einflussreichen Politikern in die Bruderschaft förderte. Freimaurer wurden so Friedrichs jüngere Brüder Wilhelm (1722–1758), Heinrich (1726–1802) und Ferdinand (1730–1813), die alle drei den Titel „Prinz von Preußen" trugen. Auch Friedrichs Schwager Ferdinand, Herzog von Braunschweig-Lüneburg (1721–1792) und sein Neffe und Nachfolger als preußischer König, Friedrich Wilhelm II. (1744–1797), traten dem Bund bei.

Deutschsprachige Künstler: Goethe, Lessing und Mozart

Daneben sammelten sich in Frankreich, Österreich und den deutschen Staaten vor allem bedeutende Künstler in den Logen, die den Geist der Aufklärung verkörperten. Für Deutschland und Österreich sind hier vor allem Gotthold Ephraim Lessing (1729–1781), Johann Wolfgang von Goethe (1749–1832) und Wolfgang Amadeus Mozart (1756–1791) zu nennen. Lessing, einer der führenden Köpfe der deutschen Aufklärung, wurde 1771 in die Hamburger Loge „Zu den drei Rosen" aufgenommen.

Der Komponist Joseph Haydn (oben) war neben Wolfgang Amadeus Mozart der bekannteste deutschsprachige Musiker, der sich im 18. Jh. einer Freimaurerloge anschloss.

Viele französische Freiheitskämpfer und Staatsmänner schlossen sich den Freimaurern an, der Politiker Gabriel Mirabeau genauso wie etwa der Revolutionär Jean Paul Marat.

Die Liste der französischen Dichter und Denker, die sich den Logen anschlossen, reicht von dem Philosophen Montesquieu (oben) über den Komponisten Louis-Nicols Clérambault bis hin zu dem Schriftsteller Helvétius.

Auch Johann Gottfried Herder gehörte zu den deutschen Schriftstellern und Philosophen, die sich offen zu den Grundsätzen der Freimaurerei bekannten und in eine Loge eintraten.

Weitere berühmte Freimaurer

François-Marie Arouet („Voltaire") (1694–1778), französischer Schriftsteller und Philosoph
Gebhard Leberecht von Blücher (1742–1819), preußischer Generalfeldmarschall
Giacomo Casanova (1725–1798), Italienischer Abenteurer, Schriftsteller und „Unterhaltungskünstler"
Matthias Claudius (1740–1815), deutscher Volksdichter
Johann Gottlieb Fichte (1726–1814), deutscher Philosoph
Benjamin Franklin (1706–1790), amerikanischer Politiker und Naturforscher
Johann Gottfried Herder (1744–1803), deutscher Schriftsteller, Philosoph und Theologe
Friedrich Gottlieb Klopstock (1724–1803), deutscher Dichter
Kurfürst Maximilian I. (1756–1825), König von Bayern
Franz Stephan von Lothringen (1706–1765), ab 1745 deutscher Kaiser
Horatio Nelson (1758–1805), englischer Admiral, siegte in der Schlacht von Trafalgar
Heinrich Friedrich Karl Freiherr vom und zum Stein (1757–1831), preußischer Staatsmann
Jonathan Swift (1667–1745), englisch-irischer Schriftsteller
Charles Maurice Talleyrand-Périgord (1752–1838), französischer Staatsmann
Christoph Martin Wieland (1733–1813), deutscher Dichter

Der Naturforscher und Politiker Benjamin Franklin trug entscheidend dazu bei, dass sich die Freimaurerei in den amerikanischen Kolonien des englischen Königreiches in Windeseile ausbreitete.

Goethe gehörte seit 1780 der Weimarer Loge „Amalia“ an, zwei Jahre später wurde er dort zum Meister erhoben und schloss sich 1783 den Illuminaten an.

Mozart wurde 1784 in die Wiener Loge „Zur Wohltätigkeit“ aufgenommen und pflegte enge Kontakte zur Künstlerloge „Zur wahren Eintracht“. In dieser berühmten Bruderschaft wurde 1785 auch der Komponist Joseph Haydn (1732–1809) in Mozarts Beisein zum Freimaurer.

Frankreichs Intelligenz und Amerikas Generalität

Auch die Liste der französischen Dichter und Denker, die sich den Freimaurern anschlossen, ist lang. Sie reicht von dem Komponisten Louis-Nicols Clérambault (1676–1749) bis hin zu Schriftstellern und Philosophen wie Charles de Secondat Montesquieu (1689–1755) und Claude Adrien Helvétius (1715–1771). Zudem waren auch in Frankreich wichtige Freiheitskämpfer, Politiker und Staatsmänner Logenmitglieder: So gehörte der Revolutionär Jean Paul Marat (1744–1793) genauso der Bruderschaft an wie der Politiker Gabriel Mirabeau (1749–1791). Nicht gesichert ist hingegen, ob auch der Revolutionär Georges Danton (1759–1794) und der Schriftsteller Denis Diderot (1713–1784) Freimaurer waren. In den USA sind es vor allem hohe, im amerikanischen Unabhängigkeitskrieg erfolgreiche Offiziere, die zu den bekanntesten Freimaurern zählen. Neben dem General und späteren Präsidenten George Washington (1732–1799) und dem früh gefallenen Generalmajor Joseph Warren (1741–1775) ist vor allem der aus Frankreich stammende General Marquis de Lafayette (1757–1834) zu nennen; er spielte sowohl im Unabhängigkeitskrieg wie auch in der Französischen Revolution eine bedeutende Rolle. Lafayette, der 1779 in eine Feldloge in Morristown aufgenommen wurde, fasste 1789 das Grundprinzip der Freimaurer in einem Satz zusammen: „Alle Menschen werden frei geboren und sind und bleiben gleich vor dem Gesetz“.

Washington oder Weishaupt: Wer ziert den Dollar?

Ist die amerikanische Ein-Dollar-Note ein Werk von Freimaurern und Illuminaten? Verschwörungstheorien und Spekulationen ranken sich um den Geldschein.

Die „Ein-Dollar-Schein-Geschichte“

Die amerikanische Ein-Dollar-Note wird geschmückt von beiden Seiten des „Great Seal of the United States“, des offiziellen Amtssiegels und Hoheitszeichens der USA. Auf der Rückseite des Siegels findet sich eine dreizehnstufige Pyramide, über der das „allsehende Auge“ schwebt. Eine verbreitete Theorie besagt, dass diese Symbolkombination auf die Illuminaten verweist. Die Pyramide steht demnach für das dreizehnstufige Gradsystem des Bundes. Das „sehende Auge“ ist ein zentrales Symbol der Freimaurer wie auch der Illuminaten. Am Fuß der Pyramide findet sich zudem die Zifferkombination „MDCCLXXVI“, die römische Schreibweise der Zahl 1776, das Gründungsjahr der Illuminaten. Es wird sogar

Graf Cagliostro: Hochstapler und Freimaurer

Der sizilianische Hochstapler Guiseppe Balsamo (1743–1795), der sich Graf Alessandro von Cagliostro nannte, gilt als schillerndste Gestalt der Freimaurer des 18. Jh. Cagliostro tingelte als Magier, Heilkünstler und Prophet durch die vornehme Gesellschaft Westeuropas. 1777 soll er in die Londoner Loge „L'Espérance" aufgenommen worden sein. Daneben schuf er eine eigene Lehrart, den „Ägyptischen Ritus", in den er auch Frauen aufnahm. Cagliostro gründete Logen u. a. in Den Haag, Riga, Lyon, Basel. Dem Logensystem mit seinen eigenen Riten und Graden gelang es darüber hinaus sogar, in Frankreich Fuß zu fassen. 1789 wurde er in Rom verhaftet und zum Tode verurteilt, 1791 wurde das Urteil in eine lebenslange Haftstrafe umgewandelt, vier Jahre später starb Cagliostro in einem italienischen Kerker. Nach dem Vorbild Cagliostros gestaltete Goethe die Hauptfigur seines Lustspiels „Der Gross-Cophta", ein Stück, das mit den Mitteln der Satire die problematischen Folgen der Auflösung des feudalen Ständestaates aufzeigt.

Die Pyramide mit dem allsehenden Auge schmückt das amerikanische Amtssiegel und die Ein-Dollar-Note der USA. Ob diese von den Logen verwendeten Symbole auch Symbole freimaurerischen Ursprungs sind, ist umstritten.

spekuliert, dass auf der Vorderseite der Dollar-Note nicht George Washington abgebildet sei, sondern der Illuminaten-Gründer Adam Weishaupt, der dem Präsidenten ähnlich sah. Zudem taucht die freimaurerisch-mystische Zahl 13 mehrfach auf dem Geldschein auf.

Diese Theorien lassen sich nicht beweisen. Für die meisten der den Bruderschaften zugeordneten Symbolen auf der Note gibt es einfache Erklärungen: 1776 ist das Jahr der amerikanischen Unabhängigkeitserklärung. Die Pyramide steht für „Dauer und Stärke" und war nie ein typisches Freimaurer-Symbol. Das „allsehende" Auge wiederum ist zwar ein zentrales Freimaurer-Symbol, war aber auch außerhalb der Logen als Symbol für einen allwissenden Gott weit verbreitet. Eine Erklärung gibt es auch für die häufige Verwendung der Zahl 13. Es waren 13 Kolonien, die die Unabhängigkeitserklärung unterschrieben. In der Kommission, die 1776 beauftragt wurde, das amerikanische Siegel zu entwerfen und dieses dann 1782 vorlegte, saß im Übrigen mit Benjamin Franklin nur ein einziger Freimaurer.

Die Freimaurer im 19. Jh.

Die Geschichte der Freimaurerei im 19. Jh. ist geprägt von dem politischen und industriellen Wandel in Europa und Amerika. Darüber hinaus bestimmten Konflikte zwischen den Logen und die nicht endende Verfolgung durch die Staatsgewalt das Leben in den Bruderschaften.

Kleinklein in Deutschland

Bereits Ende des 18. Jh. wurden die Freimaurer in einzelnen Staaten erneut mit Verboten überzogen: 1795 hatte der Deutsche Kaiser Franz II. (1768–1835) die Freimaurerlogen in Österreich unter polizeiliche Aufsicht gestellt und damit die Logen weit gehend zerschlagen. 1798 erließ der preußische König Friedrich Wilhelm III. (1770–1840) ein Gesetz zur „Verhütung und Bestrafung geheimer Gesellschaften“, unter das auch die Freimaurer fielen. Die Situation für viele Logen entspannte sich erst, nachdem 1861 mit Wilhelm I. ein Freimaurer zuerst preußischer König und zehn Jahre später Deutscher Kaiser wurde. Die deutsche Kleinstaaterei führte außerdem dazu, dass die einzelnen Logen zahlreichen Großlogen

Napoleon Bonaparte (Bildmitte) war selbst nie Mitglied einer Freimaurerloge: Er schickte aber vier seiner Brüder, die hier an den Bildrändern zu sehen sind, in die Bruderschaft.

Großlogen in aller Welt

Auch außerhalb Europas schritt die Ausbreitung der Freimaurerei voran. So wurde 1823 in Brasilien die erste südamerikanische und ein Jahr später in Haiti die erste zentralamerikanische Großloge gegründet. 1855 wurde die erste Großloge in Kanada ins Leben gerufen, 33 Jahre später waren auch die Australier so weit.

mit unterschiedlichen Lehrarten unterstellt waren, einer der Gründe, weshalb sich viele Freimaurer für die nationale Einheit einsetzten.

Der preußische König und spätere deutsche Kaiser Wilhelm I. war Freimaurer. Unter seiner Regentschaft entspannte sich die Situation für die Logen, die zuvor in vielen deutschen Kleinstaaten verfolgt worden waren.

Enzykliken und Todesurteile

Auch die Kirche blieb gegen die Logen aktiv: Allein zwischen 1821 und 1884 erschienen acht Enzykliken gegen die Freimaurerei. Nicht zuletzt aufgrund dieser Anfeindungen entwickelte sich die italienische Freimaurerei nur langsam und blühte erst in der zweiten Hälfte des Jahrhunderts auf. So waren 1889 auf einem Freimaurerkongress in Florenz immerhin 150 Logen vertreten. Am stärksten verfolgt aber wurden weiterhin die Logen in Portugal und Spanien, wo man 1810 und 1830 insgesamt etwa 50 Freimaurer hinrichten ließ.

Turbulenzen in Frankreich

Nach der 1813 erfolgten Vereinigung der führenden Großlogen der „Antients" und der „Moderns" erlebte die Freimaurerei in ihrem Mutterland England eine Zeit des fast unbehinderten, stetigen Wachstums. Ganz anders sah die Situation in Frankreich aus. Nach ihrer Zerschlagung in Folge der Französischen Revolution gelang den Logen Anfang des 19. Jh. ein schneller Wiederaufbau. Gefördert wurde dieser Aufschwung durch Kaiser Napoleon Bonaparte (1769–1821), der vier seiner Brüder in die Logen schickte. Nach der Verbannung Napoleons begann erneut eine Zeit der polizeilichen Bespitzelung. Da viele Freimaurer sich an der Julirevolution von 1830 und der Februarrevolution von 1848 beteiligten, blieben die Logen im Blickfeld der Staatsgewalt. Organisatorisch wurde die in unterschiedliche Großlogen-Systeme gespaltene Freimaurerei 1799 durch den Zusammenschluss zum „Grand Orient des France" vorläufig geeint. Doch immer wieder traten neue Logensysteme wie die „Grand Loge Centrale" auf den Plan. Das Jahrhundert überlebten jedoch nur die 1804 gegründete Großloge „Suprême Conseil" und der „Grand Orient". 1872 strich die „Grand Loge" von Belgien das Bekenntnis zum „Allmächtigen Baumeister aller Welten" aus ihren Statuten, fünf Jahre später tat die Grand Orient ein Gleiches, was dazu führte, dass die größte französische Großloge fortan nicht mehr von der englischen Mutterloge anerkannt wurde.

In den USA breitete sich die Freimaurerei kontinuierlich weiter aus. Die Freimaurer blieben einflussreich in Staat und Regierung. So waren allein sieben US-Präsidenten des 19. Jh. Logenbrüder.

Ein langer Weg führt zum Ziel: Die Freimaurer mussten lange Zeit Anfeindungen und Verfolgungen erdulden, bis sie schließlich fast in aller Welt respektiert wurden.

Freimaurerei im 20. Jh.: Zwischen Aufschwung und Stagnation

Im vergangenen Jahrhundert verbreitete sich die Freimaurerei endgültig fast über den gesamten Globus. Für viele europäische Logen jedoch bedeutete die faschistische Machtübernahme in Deutschland und Italien bzw. der Zweite Weltkrieg das Ende.

Zerschlagung im Zweiten Weltkrieg

Die Zeit des Zweiten Weltkriegs stellt den tiefsten Einschnitt in der jüngeren Geschichte der europäischen Freimaurerei dar.

Im faschistischen Italien, im nationalsozialistischen Deutschland, aber auch in Spanien und Portugal waren die Logen schon vor Kriegsbeginn verboten worden. In Italien hatte die Verfolgung von Freimaurern durch die Regierung Benito Mussolinis (1883–1945) bereits 1923 begonnen. Logenhäuser wurden in Brand gesetzt, Freimaurer angegriffen, misshandelt und getötet. 1925 wurden die italienischen Logen verboten.

In Frankreich löste das Vichy-Regime 1940 alle Logen auf, zog deren Vermögen ein und versteigerte ihren Besitz. In der Schweiz hingegen scheiterte 1937 der Versuch der Regierung, alle Logen per Volksentscheid zu verbieten.

Freimaurerei in den USA

Die meisten Freimaurer – die Schätzungen reichen von 2 bis 4 Millionen – leben in den USA, deren Logen sich im 20. Jh. ebenfalls kontinuierlich entwickeln konnten. Die Versuche, eine nationale Großloge zu bilden, scheiterten allerdings bislang. Die nordamerikanische Freimaurerei wirkt nicht im Verborgenen: An amerikanischen Paraden nehmen die Freimaurer in ihrer typischen Kluft oft in großer Zahl teil, zu wichtigen Fragen nehmen die Logen mitunter öffentlich Stellung. So hat sich die Mehrheit der amerikanischen Großlogen scharf gegen die schändlichen Aktivitäten des Ku-Klux-Klan gewandt, weil dessen Treiben im scharfen Gegensatz zu den freimaurerischen Prinzipien der Gleichheit, Brüderlichkeit und Toleranz steht.

Die Freimaurerei hat sich über fast den gesamten Globus verbreitet. Auch chinesische Logenhäuser, wie hier in London, sind heute keine Seltenheit mehr.

Freimaurer im Sozialismus

Die freimaurerische Gedankenwelt steht jeder Diktatur diametral entgegen und wird deshalb nicht nur von absoluten Monarchien oder faschistischen Regime, sondern auch in sozialistisch regierten Ländern fast nie geduldet. So wurden in Russland die Logen nach der Oktoberrevolution von 1917 ausgeschaltet. Nach dem Zweiten Weltkrieg wurden sämtliche Logen in den neuen osteuropäischen „Bruderstaaten" der Sowjetunion verboten.

Zwiegespalten war das Verhältnis der DDR zur Freimaurerei. Als Träger des „historischen, gesellschaftlichen Fortschritts" wurde ihr durchaus hohes Ansehen entgegengebracht. Trotzdem erfolgte keine Wiederzulassung der vom Nationalsozialismus verbotenen Logen. Das Schweigegelübde und der bürgerliche Internationalismus der Bruderschaften scheint mit Theorie und Praxis des „real existierenden Sozialismus" letztlich unvereinbar zu sein. Das einzige sozialistische Land, in dem die Logen ungestört ihrer Arbeit nachgehen konnten, war und ist bis heute Kuba.

Erst mit dem Zusammenbruch der kommunistischen Herrschaft in Osteuropa war in der Sowjetunion und ihren ehemaligen Satellitenstaaten ein Neuanfang möglich.

Der Wiederaufbau

Mit dem Ende des Zweiten Weltkriegs konnte sich die europäische Freimaurerei reorganisieren: 1960 schlossen sich verschiedene italienische Großlogen zum „Grande Oriente d'Italia" zusammen, dem rund 400 Logen mit etwa 15 000 Mitgliedern unterstehen. In Frankreich bestehen heute drei Großlogen nebeneinander, von denen nur die kleinste von der englischen Mutter-Großloge anerkannt ist. Der „Grande Orient de France" wird auf etwa 22 000 Mitglieder geschätzt, die Grande Loge de France" auf knapp 20 000 Brüder. Die Mitgliederzahlen der erst 1913 gegründeten „Grande Loge Nationale Française", der anfangs lediglich zwei Logen unterstanden, stiegen rapide: Ende des 20. Jh. gehörten ihr bereits 210 Logen mit knapp 10 000 Freimaurern an.

Ruhige Fahrwasser in England

In England, wo die Großloge eine wichtige gesellschaftliche Institution ist, war der Betätigungsspielraum der Bruderschaften während des Zweiten Weltkriegs kaum eingeschränkt. Mehr als 250 Jahre lang konnten sich die Logen hier relativ kontinuierlich entwickeln, was nicht zuletzt einer der Gründe dafür ist, weshalb die Pflege des Rituals und die karitative Betätigung bei der Arbeit der Bruderschaften auf der britischen Insel noch heute eine maßgebliche Rolle spielen. Politische Auseinandersetzungen sind verpönt. Der britische König Georg VI. (1895–1962) wurde ebenso Mitglied des Bundes wie Prinz Philip (geb. 1921) und Prinz Edward (geb. 1935), der Herzog von Kent. Mehr als 7000 Logen gehörten Ende des 20. Jh. zur Vereinigten Großloge. In England gibt es mehr Freimaurer als in jedem anderen europäischen Land, wobei die Schätzungen über ihre Zahl stark schwanken: Sie reichen von 300 000 bis zu 1,1 Millionen Brüdern.

Verfolgung im Nationalsozialismus

Im Nationalsozialismus wurden die Logen verboten und aufgelöst; einige Freimaurer wurden auch ermordet.

Ludendorffs Verschwörungstheorie

Schon in der Weimarer Republik richtete sich die rechtsextreme und nationalistische Propaganda bevorzugt gegen Juden und Freimaurer. Besonders Erich Ludendorff (1865–1937), einer der führenden deutschen Generäle des Ersten Weltkriegs, hatte gemeinsam mit seiner Frau Mathilde (1877–1966) in zahlreichen Schriften vor einem „internationalen Netzwerk" aus Juden, Sozialisten und Freimaurern gewarnt und damit alte Verschwörungstheorien neu belebt. Als 1925 im faschistisch regierten Italien ein Attentatsversuch auf den Staatschef Benito Mussolini den Freimaurern in die Schuhe geschoben wurde, um gegen die italienischen Logen vorgehen zu können, verfehlten diese Anschuldigungen auch in Deutschland ihre Wirkung nicht. Der Nationalsozialismus übernahm die von den italienischen Faschisten unermüdlich vorgebrachten Anklagen gegen die Freimaurerei und schmiedete daraus die These von der freimaurerisch-jüdischen Weltverschwörung. Da der Nationalsozialismus jede Form des Humanismus, des Gleichheitsgedankens und des Internationalismus bekämpfte,

Logengründung im Konzentrationslager: 1943 kam es zu einem einmaligen Vorkommnis in der Geschichte der nationalsozialistischen Konzentrationslager: Im Lager Esterwegen im Emsland gründeten belgische Widerstandskämpfer die Freimaurerloge „Liberté chérie". Im November 2004 wurde zu Ehren dieser Gefangenen auf der Gedenkstätte in Esterwegen ein Denkmal errichtet.

Für alles verantwortlich: Die faschistischen Staatschefs Adolf Hitler und Benito Mussolini verbreiteten das Gerücht von der jüdisch-freimaurerischen Weltverschwörung und ließen die Logen auflösen.

wurden auch die Freimaurer zur Zielscheibe. Zudem war das Hitler-Regime nicht bereit, eine Vereinigung zu dulden, die nicht unter nationalsozialistischer Führung und Kontrolle stand und zudem noch die Geheimhaltung zu ihren wichtigsten Prinzipien zählte.

Die Auflösung der Logen

Als vehementer Scharfmacher betätigte sich seit den 1920er-Jahren der nationalsozialistische Chefideologe Alfred Rosenberg (1893–1946). Er behauptete sogar, die Freimaurer hätten bewusst den Ersten Weltkrieg ausgelöst. Der erste Schritt im Kampf gegen die Freimaurerei bestand darin, dass die Freimaurer von der Mitgliedschaft in der Nationalsozialistischen Partei (NSDAP) ausgeschlossen wurden. Ab 1931 begann die schrittweise Auflösung aller Logen, die von massiven Übergriffen der paramilitärischen Sturmabteilung (SA) auf Freimaurer begleitet wurde.

Viele Logen versuchten, einer drohenden Auflösung zu entgehen, indem sie ihre absolute Loyalität gegenüber dem NS-Staat betonten und sich in „Deutschchristliche Orden" umbenannten. Die Anpassungsversuche blieben aber erfolglos. Im Juli 1935 lösten sich drei altpreußische Großlogen selbst auf, bevor im August 1935 das generelle Verbot der Freimaurerei ausgesprochen wurde. Die Ausdehnung der NS-Herrschaft in Europa führte auch in den besetzten Ländern zu einer Zerschlagung der Freimaurerei.

Anders als die Juden wurden ehemalige Freimaurer im Dritten Reich nicht systematisch ausgerottet. Man weiß von 62 Fällen, in denen deutsche Freimaurer, deren Zahl auf etwa 80 000 geschätzt wird, vom Staat ermordet wurden. Dazu zählen der SPD-Politiker Julius Leber (1891–1945) und der Publizist Carl von Ossietzky (1889–1938), die allerdings nicht wegen ihrer Logen-Zugehörigkeit, sondern aufgrund ihrer Rolle im Widerstand gegen den Nationalsozialismus verfolgt wurden.

Nach Kriegsende begann der langsame Neuaufbau der deutschen Logen. Von zehn Großlogen, die vor der Nazi-Herrschaft existiert hatten, wurden drei wiederbelebt. 1958 schlossen sich die noch existierenden Logen zu den „Vereinigten Großlogen von Deutschland" zusammen. Die Zahl der Mitglieder der ihr angeschlossenen Bruderschaften wird heute auf 13 000 bis 21 000 geschätzt.

Der Publizist und Freimaurer Carl von Ossietzky gehörte zum Widerstand gegen den Nationalsozialismus. 1938 starb der Nobelpreisträger nach schweren Misshandlungen durch die Nazis an Tuberkulose.

Mit Plakaten heizten die Nationalsozialisten ihre Kampagnen gegen die Freimaurer an. Bereits 1935 wurden die Logen in Hitlerdeutschland verboten.

Kriminelle Logen

Die geheimen terroristischen Aktivitäten der italienischen Loge „Propaganda Due" kamen 1981 ans Licht der Öffentlichkeit, wodurch sich die Gegner der Freimaurer in ihren Verschwörungstheorien bestätigt sahen.

Loge gegen Linksruck

Die internationale Freimaurerei wurde vor allem durch eine Loge in Verruf gebracht, die niemals eine reguläre Freimaurerloge war: Die 1887 in Rom gegründete Loge „Propaganda Due", kurz „P2". Die Loge, die bis zu ihrer zeitweiligen Auflösung nur ausgewählte Politiker, Schriftsteller und Gelehrte aufnahm, wurde 1944 von dem Matratzenfabrikanten Licio Gelli (geb. 1919) neu gegründet. Um Einfluss auf die italienische Politik zu gewinnen, bemühte sich Gelli, der seit 1967 als „Meister vom Stuhl" die Loge führte, Spitzenpolitiker, Großindustrielle, Militär- und Polizeiführer sowie Mitarbeiter verschiedener Geheimdienste zusammenzuführen, da er so den befürchteten Linksruck Italiens und Wahlerfolg der kommunistischen Partei zu verhindern suchte.

Kriminelle Machenschaften hinter verschlossenen Toren: Mitunter musste die Polizei einschreiten, wenn Logen versuchten, sich jenseits von Recht und Gesetz Macht zu verschaffen.

Die Strategie der Spannung

Den Höhepunkt ihrer Aktivitäten hatte die Loge in den 1970er-Jahren, wobei die Führungsspitze im Rahmen der „Strategie der Spannung" in zahlreiche kriminelle und terroristische Aktionen verwickelt war. Diese Strategie legte es darauf an, durch Terrorakte, die anderen Gruppen in die Schuhe geschoben wurden, ein öffentliches Klima der Angst zu verbreiten. Diese Verunsicherung sollte den auf „Recht und Ordnung" setzenden Rechtsparteien Wähler in die Arme treiben und die Vorbedingungen für einen Staatsstreich schaffen. Wahrscheinlich waren Mitglieder der Loge in den Sprengstoffanschlag auf den Schnellzug „Italicus" 1974 und das Bombenattentat auf den Bahnhof von Bologna verstrickt, der 1980 85 Menschen das Leben kostete. Nach Angaben von Richard Brenneke, einem Mitarbeiter des amerikanischen und israelischen Geheimdienstes, hat die US-Regierung die Propaganda Due mit monatlich bis zu zehn Millionen Dollar unterstützt.

953 namhafte Mitglieder

Bereits 1974, bevor der politisch-verschwörerische Charakter der Loge bekannt wurde, hatte der Grande Oriente d'Italia ihre Auflösung beschlossen, aber prakisch nicht durchsetzen können. Im Mai 1981 wurde die Verschwörung durch eine Hausdurchsuchung bei Licio Gelli aufgedeckt. Bei der Razzia fand sich auch eine Mitgliederliste

Skandale in Amerika und England

Die nordamerikanischen Freimaurer wurden 1826 von einer schweren Krise erschüttert: Die in diesem Jahr erfolgte Entführung und angebliche Ermordung des antifreimaurerischen Autors William Morgan (geb. 1774) wurde einigen Logenbrüdern angelastet und löste in den Vereinigten Staaten eine Welle von Anfeindungen aus. Es gründete sich eine Antifreimaurer-Partei, und viele Logen lösten sich auf.
In Großbritannien wurden 1988 Freimaurer mit einer Skandalserie der britischen Polizei in Verbindung gebracht. Es ging um Bestechung, Vertuschung und Korruption. Weil die Polizei als freimaurerisch unterwandert galt, wollte der britische Innenminister Mitarbeiter der Polizei zwingen, sich als Logenbrüder zu outen. Dagegen wehrten sich die Freimaurer erfolgreich. Die Korruptionsfälle wurden nie restlos aufgeklärt. Der Skandal nährte aber erneut die Theorie von den dubiosen Machenschaften der Freimaurer.

der P2, auf der 953 namhafte Persönlichkeiten aus Politik, Militär, Wirtschaft und Geheimdiensten verzeichnet waren. Als prominentestes Mitglied wurde unter der Mitgliedsnummer 1816 der Medienmogul und spätere italienische Ministerpräsident Silvio Berlusconi geführt. 1982 wurde die kriminelle Loge vom italienischen Parlament für aufgelöst erklärt. Eine parlamentarische Untersuchungskommission stellte in ihrem Abschlussbericht lediglich fest, Ziel des Geheimbundes sei eine Unterwanderung der Regierung gewesen, nicht aber eine direkte Machtübernahme oder gar ein Putsch. Ein Schöffengericht in Bologna kam hingegen später zu dem Schluss, dass die P2 an rechtsterroristischen Aktionen direkt beteiligt war und einen Staatsstreich plante.

Auch der Name des ehemaligen italienischen Ministerpräsidenten Silvio Berlusconi tauchte 1981 auf der bei einer Razzia beschlagnahmten Mitgliederliste der Propaganda Due auf.

Berühmte Freimaurer des 19. und 20. Jh.

Auch im 19. und 20. Jh. traten namhafte Persönlichkeiten aus allen gesellschaftlichen Bereichen den Freimaurerlogen bei. Da die Freimaurer nicht verpflichtet sind, sich zur Bruderschaft zu bekennen, bleibt jede Auflistung berühmter Freimaurer unvollständig.

„Freimaurer"-Präsidenten der USA

George Washington (1732–1799), Amtszeit 1789–1797
James Monroe (1758–1831), Amtszeit 1817–1825
Andrew Jackson (1767–1845), Amtszeit 1829–1837
James Knox Polk (1795–1849), Amtszeit 1845–1849
James Buchanan (1791–1868), Amtszeit 1857–1861
Andrew Johnson (1808–1875), Amtszeit 1865–1869
James Garfield (1831–1881), Amtszeit 1881
William McKinley (1843–1901), Amtszeit 1897–1901
Theodor Roosevelt (1858–1919), Amtszeit 1901–1909
William Taft (1857–1930), Amtszeit 1909–1913
Warren Harding (1865–1923), Amtszeit 1921–1923
Franklin D. Roosevelt (1882–1945), Amtszeit 1933–1945
Harry S. Truman (1884–1972), Amtszeit 1945–1953
Lyndon B. Johnson (1908–1973), Amtszeit 1963–1969
Gerald R. Ford (geb. 1913), Amtszeit 1974–1977

Freimaurer von A–Z

Salvador Allende (1908–1973), chilenischer Staatspräsident, ab 1929 Freimaurer.
Roald Amundsen (1872–1928), norwegischer Polarforscher.
Louis Armstrong (1900–1971), amerikanischer Jazzmusiker. Armstrong soll Mitglied der „Montgomery Lodge Nr. 18" in New York gewesen sein.

Der italienische Freiheitskämpfer Guiseppe Garibaldi

Der erste türkische Präsident Mustafa Kemal Atatürk

Mustafa Kemal Atatürk (1881–1939), Vater der modernen Türkei. War bis zu seinem Tod Mitglied der „Macedonia Resorta et Veritas"-Loge.
Ludwig Börne (1786–1837), deutscher Schriftsteller und Freund Heinrich Heines. Wurde 1809 in die Frankfurter Loge „Zur aufgehenden Morgenröthe" aufgenommen.
Simon Bolivar (1783–1830), Führer der lateinamerikanischen Unabhängigkeitsbewegung.
Winston Churchill (1784–1965), englischer Ministerpräsident. Wurde 1901 in die Londoner Loge „United Studholme Lodge No. 1591" aufgenommen.
Charles Dickens (1812–1870), englischer Schriftsteller und „Erfinder" von „Oliver Twist".
Sir Arthur Conan Doyle (1859–1930), englischer Schriftsteller, Schöpfer von Sherlock Holmes. Ab 1893 Meister in der „Phoenix Lodge No. 257" in Portsmouth.

Der Entdecker des Penizillins, Sir Alexander Fleming

Der amerikanische Musiker und Komponist Duke Ellington

Duke Ellington (1879–1974), amerikanischer Jazz-Musiker und Komponist. War seit 1932 „Prince-Hall"-Freimaurer in der Washingtoner „Social Lodge No. 1".
Sir Alexander Fleming (1891–1955), Entdecker des Penizillins, Großschaffner und Altgroßaufseher der Vereinigten Großloge von England.
Henry Ford (1863–1947), amerikanischer Automobilfabrikant. Der Gründer der Ford-Werke wurde 1894 in der Detroiter „Palestine Lodge No. 357" zum Meister erhoben und schloss sich kurz vor seinem Tod der „Zions Lodge No. 1" an.
Clark Gable (1901–1960), amerikanischer Schauspieler. Der männliche Hauptdarsteller des Films "Vom Winde verweht" ließ sich 1933 in die „Beverly Hills Lodge No. 528" aufnehmen.
Guiseppe Garibaldi (1807–1882), italienischer Staatsmann und Freiheitsheld. Wurde 1844 in Montevideo in eine französische Loge aufgenommen und 1864 Großmeister von Italien.
Heinrich Heine (1797–1856), deutscher Schriftsteller. Heine wurde 1844 in die Pariser Johannisloge „Les Trinosophes" aufgenommen.
Charles Lindberg (1902–1974), amerikanischer Flugpionier. Lindberg wurde 1926 Mitglied der „Keystone Lodge No. 243" in St. Louis. Auf seiner berühmten Atlantiküberquerung soll er seine maurerischen Dokumente mitgenommen haben.
Franz Liszt (1811–1886), deutscher Komponist, 1841 in die Frankfurter Loge „Zur Einigkeit" aufgenommen.
Gustav Stresemann (1878–1929), deutscher Reichskanzler und Friedensnobelpreisträger. Er wurde 1923 in die Loge „Friedrich der Große" in Berlin aufgenommen.
Kurt Tucholsky (1890–1935), deutscher Journalist und Schriftsteller, schloss sich 1924 der Berliner Loge „Zur Morgenröthe" und kurz darauf der Pariser Loge „L' Effort" an.
Mark Twain (1835–1910), amerikanischer Schriftsteller. Der Erfinder von Tom Sawyer und Huckleberry Finn hieß eigentlich Samuel L. Clemens. 1861 wurde er in die „Polar Star-Loge" in Missouri aufgenommen.
John Wayne (1907–1979), amerikanischer Schauspieler. Wurde 1970 Bruder der „Marion McDaniel Lodge No. 56", in Tucson, Arizona.
Oscar Wilde (1854–1900), irischer Dichter und Schriftsteller („Das Bildnis des Dorian Gray").

Die Gegenwart und Zukunft der Freimaurerei

Die Freimaurerei hat sich auf alle Kontinente ausbreiten können und verfügt heute über mehrere Millionen Mitglieder, wobei es aufgrund der vielen irregulären Logen kaum möglich ist, eine Übersicht über den gegenwärtigen Stand der Entwicklung zu gewinnen. Viele Logen klagen über Mitgliederschwund und Überalterung.

Logen in 100 Ländern der Erde

Reguläre Freimaurerlogen gibt es heute in rund 100 Ländern der Erde. Da es keine vollständige Übersicht gibt, kann ihre Zahl, wie auch die Zahl ihrer Mitglieder, nur geschätzt werden. Sie dürfte zu Anfang dieses Jahrtausends zwischen 3,5 und 6 Millionen liegen. Die Unübersichtlichkeit wird noch durch das für den Laien undurchdringliche Geflecht aus regulären und irregulären, also von der Englischen Großloge nicht anerkannten Bruderschaften erschwert. Drei Viertel aller Freimaurer in Frankreich arbeiten irregulär; in Belgien und Italien sind es weit über 90 Prozent. In Belgien ist nur die „Grande Loge Régulière de Belge“, in Spanien nur die „Gran Logia d'España“, in Italien nur die Loge des Wirtschaftsprofessors „Giuliano Di Bernardo“ offiziell anerkannt. Die ehrwürdigen Großoriente von Frankreich (1773), Spanien (1780), Portugal (1802), Belgien (1833) und Italien (1864) sind alle irregulär.

Die geschätzten Zahlen der regulären Freimaurer in aller Welt
Weltweit: 3 bis 6 Millionen.
USA 2–3 Millionen
England 300 000–360 000
Brasilien ca. 200 000
Schottland 150 000–300 000
Kanada 120 000–160 000
Australien 90 000–200 000
Frankreich 84 000
Irland 38 000–50 000
Mexiko 28 000
Kuba 22 000–28 000
Neuseeland 20 000–25 000
Deutschland 12 000–20 000
Schweden, Norwegen, Philippinen, Indien je 10 000–15 000

Freimaurer in Afrika und Asien

Nicht nur in Europa und den USA, Kanada und Australien sowie verschiedenen Ländern Zentral- und Südamerikas existieren anerkannte Bruderschaften. So gibt es immerhin in acht afrikanischen Ländern reguläre Großlogen: Benin, Burkina Faso, Gabun, Guinea, Elfenbeinküste, Liberia, Mali und Togo. Daneben wirken unter den drei Großlogen von England, Schottland und Irland viele Logen in einem weiteren Dutzend afrikanischer Staaten. Allein in Südafrika sollen fast 500 reguläre und irreguläre Logen existieren. Noch unübersichtlicher ist die Lage in Asien, wo Indien, die Philippinen, Taiwan, Japan, Singapur, Hongkong und Sri Lanka als Hochburgen der Freimaurerei gelten.

Zu viel Tradition, zu wenig Zukunft?

Mehr als die Hälfte aller Freimaurer leben heute in den USA. Allerdings gibt es Hinweise darauf, dass ihre Zahl stark rückläufig ist. So kommt die Forschungsgruppe der schweizerischen Großloge „Alpina“ zu dem Ergebnis, dass die Zahl der Freimaurer in den USA seit etwa 1960 von 4,1 auf heute 2,1 Millionen Logenbrüder zurückgegangen ist. Weltweit hat die Bruderschaft nach eigenen Angaben in den vergangenen 30 Jahren über die Hälfte ihrer Mitglieder verloren. Auch für die älteste Großloge überhaupt, die Vereinigte Großloge von England, wird seit 1970 ein dramatischer Rückgang ihrer Mitgliederzahlen angenommen – knapp 275 000 weniger sollen

Die Zukunft der Logen, hier eine Freimaurer-Residenz in Mexiko, ist ungewiss: Viele Bruderschaften beklagen den Mitgliederschwund, andere halten die Werte der Freimaurer für wichtiger denn je.

es heute sein. Als Grund für diesen Mitgliederschwund wird sowohl von vielen Freimaurern als auch von ihren Kritikern immer wieder genannt, dass die Logen zwar eine große Tradition, aber keine Zukunftsvision haben. Viele Logen beklagen eine starke Überalterung, da es kaum noch möglich sei, junge Männer für die Ideen der Bruderschaften zu begeistern. In ihrer fast 300-jährigen Geschichte hat sich die Freimaurerei kaum erneuert: Ihre Ziele, Symbole und Rituale sind nahezu unverändert geblieben und wirken auf viele wie ein Relikt aus längst vergangenen Zeiten.

Alte Ziele, neue Aktualität

Viele Freimaurer betonen hingegen, ihre alten Ziele hätten in der Gegenwart neue Aktualität gewonnen. In einer anonymen, von wirtschaftlichem Gewinnstreben und Konkurrenz geprägten Gesellschaft seien Menschlichkeit, Toleranz, Solidarität und Freundschaft und nicht zuletzt auch die Orientierung am Ideal der Selbstvervollkommnung wichtiger denn je.

So ist in einigen aktuellen Publikationen von der Notwendigkeit einer „neuen Aufklärung" die Rede.

Literaturnachweis

Baigent, Michael/Leigh, Richard: *Der Tempel und die Loge*, Bergisch Gladbach 1990

Binder, Dieter A.: *Die Freimaurer*, Freiburg 1998

Giese, Alexander: *Die Freimaurer*, Wien/Köln/Weimar 2005

Haack, Friedrich Wilhelm: *Freimaurer*, München 1975

Holdorf, Jürgen: *Die Logen der Freimaurer*, Hamburg 1996

Lobkowicz, Peter Francis: *Die Legende der Freimaurer*, Wien/München 1992

Schreiber, Hermann/Schreiber, Georg: *Geheimbünde*, Augsburg 1997

Ranieri, Luigi: *Die Loge*, Wiesbaden 2004

Reinalter, Helmut: *Die Freimaurer*, München 2000

Terhart, Franjo: *Einweihungslehren*, München 1996

Terhart, Franjo: *Freimaurer*, Kreuzlingen/München 2004

von Rohr, Wulfing: *Geheimbünde*, Kreuzlingen/München 2002

Bildnachweis

Archiv Prof. Adolf Schmitt: 77

Corbis: 2 Angelo Hornak, 4 Dean Conger, 5 Herrmann/Starke (l.), Zen Icknow (M.), Corbis (l.), 6 Lee Snider/Photo Images, 7 Joseph Sohm/ChromoSohm Inc. (o.), Historical Picture Archive (u.), 9 Dean Conger, 10 Roger Ressmeyer, 11 Archivo Iconografico (o.), S.A., Bettmann (u.), 12 Christoph Gramann/zefa, 13 André Burian (o.), Gianni Dagli Orti (u.), 14 Stapleton Collection, 15 Roger Wood, 16 Stapleton Collection, 17 Gianni Dagli Orti, 18 Angelo Hornak, 19 Archivo Iconografico, S.A. (l.), Angelo Hornak (r.), 20 Angelo Hornak, 21 Pawel Kula/epa (o.), Arte & Immagini srl (u.), 22 Bettmann, 23 Arte & Immagini srl, 25 Herrmann/Starke, 26 Coneyl Jay, 27 Poppy Berry/zefa , 28 Hulton-Deutsch Collection, 29 Bettmann (u.), 30 The Art Archive/Alfredo Dagli Orti, 31 Jean Louis Atlan/Sygma, 32 Bettmann, 34 Vernier Jean Bernar/Corbis Sygma, 35 Hulton-Deutsch Collection, 36 M. Thomsen/zefa, 37 David Lees, 38 Bettmann, 39 Ventura Star/Quinn/Corbis Sygma (o.), Carlos Carrion/Corbis Sygma (u.), 40 Micheline Pelletier/Corbis Sygma, 41 Tatiana Markow/Sygma (o. l.), Archivo Iconografico, S.A. (o.r.), Hulton-Deutsch Collection (u.), 42 Tatiana Markow/Sygma, 43 Tatiana Markow/Sygma (r.), Vernier Jean Bernar/Corbis Sygma (l.), 44 Pascal Le Segretain/Corbis Sygma, 45 Zen Icknow, 47 Zen Icknow, 48 Historical Picture Archive/Philip de Bay, 49 Zen Icknow, 50 Adrian Arbib, 51 Bettmann (l.), Hulton-Deutsch Collection (r.), 52 Danny Lehman, 53 Archivo Iconografico S.A. (o.), Wolff & Tritschler/zefa (u.), 55 Bettmann, 56 Hulton-Deutsch Collection, 57 Eye Ubiquitous, 58 Hulton-Deutsch Collection, 59 Vernier Jean Bernar/Corbis Sygma (o.), Hulton-Deutsch Collection (u.), 61 Charles E. Rotkin, 62 Kazuyoshi Nomachi, 63 Robert Harding World Imagery, 64 Corbis, 65 Langevin/Corbis Sygma, 66 Ira Nowinski, 67 Robbie Jack (l.), Archivo Iconografico, S.A. (r.), 68 Gianni Dagli Orti, 69 The Art Archive/Alfredo Dagli Orti (o.), Gianni Dagli Orti (u.), 70 PoodlesRock, 71 Kevin Fleming (o.), (u.), 72 Bettmann, 73 Coover, 76 Bettmann (l.), 78 Bettmann (l.), The Art Archive/Alfredo Dagli Orti (r.), 79 Stefano Bianchetti (l.), Bettmann (r.), 80 Bettmann, 81 Stefano Bianchetti (u.), Swim Ink 2, LLC (o.), 82 Chris Lisle, 83 Corbis, 84 Pawel Libera, 85 Hulton-Deutsch Collection (o.), Patrick Chauvel/Sygma (u.), 86 Hulton-Deutsch Collection, 87 Sygma (o.), 88-89 Manuela Höfer, 89 Reuters/Mario Laporta (u.), 90 Hulton-Deutsch Collection (o. und u.), 91 Corbis (o.), Bettmann (u.), 93 Macduff Everton

Archiv Deutsches Freimaurermuseum e.V. Bayreuth: 28 (o.), 33, 54, 74, 75 (u.l., u.r.), 76 (r.), 87 (u.)

Register